RAQUEL de SOUZA

Crônicas de uma Intérprete

CB038881

TEMPORADA

Copyright © 2023 by Editora Letramento
Copyright © 2023 by Raquel de Souza

Diretor Editorial Gustavo Abreu
Diretor Administrativo Júnior Gaudereto
Diretor Financeiro Cláudio Macedo
Logística Daniel Abreu e Vinícius Santiago
Comunicação e Marketing Carol Pires
Assistente Editorial Matteos Moreno e Maria Eduarda Paixão
Designer Editorial Gustavo Zeferino e Luís Otávio Ferreira
Capa Memento editorial
Revisão Lorena Camilo
Diagramação Isabela Brandão

Todos os direitos reservados. Não é permitida a reprodução desta obra sem aprovação do Grupo Editorial Letramento.

Dados Internacionais de Catalogação na Publicação (CIP)
Bibliotecária Juliana da Silva Mauro – CRB6/3684

S729c   Souza, Raquel de
Crônicas de uma intérprete / Raquel de Souza.
- Belo Horizonte : Letramento, 2023.
76 p. ; 14 cm x 21 cm. - (Temporada)
ISBN 978-65-5932-352-4
1. Inclusão. 2. Acessibilidade. 3. Libras. 4. Surdo.
5. Educação. I. Título. II. Série.
CDU: 376.33   CDD: 371.912

Índices para catálogo sistemático:
1. Língua de sinais brasileira 376.33
2. Língua de sinais brasileira 371.912

LETRAMENTO EDITORA E LIVRARIA
Caixa Postal 3242 – CEP 30.130-972
r. José Maria Rosemburg, n. 75, b. Ouro Preto
CEP 31.340-080 – Belo Horizonte / MG
Telefone 31 3327-5771

É O SELO DE NOVOS AUTORES
DO GRUPO EDITORIAL LETRAMENTO

5	CRÔNICAS DE UMA INTÉRPRETE
5	SABIA QUE MINHA HORA IA CHEGAR!
6	A VIAGEM
8	ÁGUA, POR FAVOR!
10	*DELAY* DA PIADA
13	A CULPA É DO INTÉRPRETE
14	PROVANDO DO PRÓPRIO VENENO
16	ELE NÃO É MUDO!
18	H2O
21	PEGA NO FLAGRA!
24	INTÉRPRETE INTEGRAL
26	INTÉRPRETE NA PANDEMIA
27	AJUDA QUEM NÃO ATRAPALHA
29	QUEM COLA NÃO SAI DA ESCOLA
31	EU NÃO SOU CACHORRO NÃO ...
33	A GEOGRAFIA ESTÁ DIFERENTE!
35	O MEU, O SEU, O NOSSO
37	O ENIGMA DO OLHAR EMPÁTICO

39	NECESSIDADES BÁSICAS
41	ME INCLUA FORA DESSA
42	A HORA DO LANCHE É A HORA MAIS FELIZ!
44	CONCURSO DO MELHOR INTÉRPRETE DO BRASIL
46	007
48	QUEM É VIVO SEMPRE APARECE!
50	QUEM TEM LIMITE É MUNICÍPIO
52	A CADA SEMESTRE UMA EMOÇÃO
53	INTERPRETAR A AULA, SIM; TRADUZIR A PROVA, NÃO
55	JANELA DE LIBRAS
57	VIVENDO DE AMOR
58	OLHA A PROMOÇÃO!
60	BASICAMENTE: INTÉRPRETE
61	MÚSICA NA PALMA DA MÃO
64	"COM QUE ROUPA EU VOU?"
66	PAGANDO BEM, QUE MAL TEM?
67	"INCLUSÃO" PARA NÃO OUVIR RECLAMAÇÃO
70	SUPREMO TRIBUNAL DO INTÉRPRETE
71	ISSO É SINAL QUE TEM ALGO ERRADO!
74	LUVAS BRANCAS

CRÔNICAS DE UMA INTÉRPRETE

Você sabe como é o trabalho de um intérprete de Libras? Não se preocupe, a maioria não sabe. Essa profissão tornou-se mais conhecida durante a pandemia de Covid-19, por causa das inúmeras *lives* que passaram a trazer a interpretação para língua brasileira de sinais. Contudo, até chegarmos aqui passamos por muita confusão e incompreensão, mas sempre tentamos levar tudo com bom humor. Até hoje essa profissão sofre muitos transtornos por causa da falta de conhecimento, rendendo situações cômicas, para não dizer trágicas! Esta é uma obra de ficção, e qualquer semelhança é mera coincidência.

SABIA QUE MINHA HORA IA CHEGAR!

"Sabia que minha hora ia chegar!", geralmente essa frase é ouvida quando algo ruim acontece, ou será que é em todas as vezes? Pois bem, foi essa frase que escutei ao me aproximar de uma sala de aula, em que a professora recepcionava seus alunos com grande expectativa na porta. Então, inocentemente, fui me aproximando da sala, os olhos dela se arregalavam proporcionalmente aos passos que eu dava em sua direção. Imagino que em seus pensamentos ela torcia para que eu passasse direto, mas ao constatar que ela era a escolhida, não se conteve e bradou:

— Sabia que minha hora ia chegar!

Rimos juntas, a imagem da Dona Morte com sua imponente foice veio imediatamente à minha cabeça e também não pude me conter:

— Pois é, chegou a sua vez! Você não tem como escapar!

Ela esboçou um sorriso de desespero e perguntou:

— Quem é o aluno surdo?

— O nome dele é Savio, é aquele ali! — falei apontando, e em seguida acenando e o cumprimentando em Libras ao aluno, que rapidamente respondeu ao meu aceno.

— Ninguém me avisou que eu tinha um aluno surdo, mas eu sabia que isso ia acontecer, e agora? Como vou dar aula de inglês para um aluno surdo?

— Se acalme, é por isso que estou aqui. Vamos conversando e pensando como faremos, mas pode dar sua aula tranquila.

Felizmente, essa professora era muito receptiva a orientações, não deixando que seus anos de experiência e estudo a fizessem querer transparecer já saber de tudo e ser a dona da verdade. Assim conseguimos traçar uma estratégia de trabalho que deu certo! Agora procuro na minha lista a próxima vítima!

A VIAGEM

Durante o percurso escolar, é comum ocorrerem visitas técnicas organizadas pelos professores para ajudar os alunos a espairecer e gastar energia, ou melhor, para que eles possam relacionar a teoria à prática. Os passeios são sempre rodeados de animação por parte dos alunos, e estresse e preocupação por parte dos professores. E imagino que o mesmo deva ocorrer com os funcionários da empresa responsáveis pela recepção desses alunos. Quando na turma há um aluno surdo, as emoções se multiplicam.

Foi programada uma viagem à capital, Recife, que incluía uma programação cultural e visita à construção de um shopping center. Visto que na turma tinha um aluno surdo, que estava muito feliz em participar de toda a programação, começou-se os preparativos, entres eles o acompanhamento de um intérprete de Libras.

Extremamente preocupado, o professor responsável pelo passeio foi até a sala dos intérpretes para organizar todos os detalhes, mas chegou com uma feição preocupada e constrangida por trabalhar com uma língua visual. Enfim, é comum os intérpretes acabarem desenvolvendo esse sentido, percebendo as nuances do humor ou de qualquer mudança nas expressões faciais e corporais que acrescentam significados à mensagem ou até expõe informações implícitas.

Preocupado e escolhendo bem as palavras, o professor perguntou:

— Já decidiram qual a intérprete que irá acompanhar o aluno?

— Sim, Alícia é quem irá. Ela já atende o aluno há algum tempo e fica até mais fácil a comunicação.

— Pronto, estou organizando as hospedagens. Teremos quartos com alunos e com alunas, colocando de três em três em cada quarto, os professores ficarão em quartos individuais — coçou a cabeça.

Percebemos que algo incomodava o professor, pois enquanto falava se remexia na cadeira e olhava para o chão a maior parte do tempo, sempre esfregando uma mão na outra. Como notamos que ele precisava de um empurrãozinho para criar coragem, perguntei:

— O senhor precisa de ajuda em alguma coisa?

Gaguejando nos aconselhou:

— Eu sei que o Anderson é surdo e precisa do apoio de vocês para a comunicação, mas não seria melhor que a Alícia dormisse num quarto separado ao invés de ficar no mesmo quarto que ele para evitar algum problema?

Nos entreolhamos confusas e ao mesmo tempo segurando uma gargalhada que coçava nossa garganta e ansiava por liberdade, respirando fundo, respondi:

— Claro professor, Alícia vai ficar num quarto separado e Anderson ficará com outros dois alunos num outro quarto!

Aliviado, dando um longo suspiro e relaxando seu tronco:

— Ah, maravilha! É que eu pensei que pelo fato de ele ser surdo poderia precisar de vocês se acontecesse algo de madrugada, sei lá, passar mal e tal...

— Mas se acontecer alguma coisa, os outros alunos chamam tanto a intérprete quanto os outros professores para resolver a situação, não se preocupe!

Ele saiu aliviado e com o sentimento de dever cumprido. Nós esperamos que ele atingisse uma certa distância da nossa sala e rimos até não poder mais!

ÁGUA, POR FAVOR!

Todos nós gostamos de ser bem tratados, de sermos levados em consideração. No ambiente de trabalho não é diferente, queremos sentir que nosso serviço é relevante e que somos valorizados. Claro que tem aqueles que fazem apenas o mínimo e usam todas as suas forças e inteligência, que poderiam ser utilizadas para a realização de suas funções, evitando qualquer tipo de comprometimento.

No caso de nós, intérpretes de Libras, o que é mais comum acontecer é que a nossa quantidade de trabalho e empenho em realizá-lo é inversamente proporcional ao reconhecimento que recebemos. Atuamos em diversos setores, cada um com suas mazelas, mas no ambiente educacional posso garantir fortes emoções.

São comuns as realizações de palestras e seminários organizadas pelas instituições de ensino, tornando nossa presença necessária para garantir o acesso à informação às pessoas surdas. Geralmente, quando acontece roda de conversa ou palestra, os organizadores ornamentam o auditório, preparam o cafezinho e nunca esquecem da água para as estrelas do evento. Já nós vivemos num eterno eclipse.

Fui "convidada" para interpretar uma roda de conversa, e ao chegar no auditório vi que a mesa estava pronta. Toalha bonita, arranjo de flores, cadeiras na quantidade equivalente ao número de participantes e bandeja com água e café. Um detalhe importante é que havia jarra de água e copo de vidro para servir a água. Acredito que cumpre uma função estética, visto que os copos descartáveis disponíveis para a plateia empobreceria o visual.

Cheguei, analisei o espaço, solicitei a reserva das cadeiras para os alunos surdos e perguntei:

— Tem uma cadeira para que eu possa colocar aqui na frente para eu sentar?

— Eita, mulher! Nem lembramos de tu. Pega uma cadeira lá na sala de aula.

Fui, como de costume.

Começou o evento e cada componente da conversa expressava seus pontos de vista sobre o assunto em questão, e eu interpretava simultaneamente. O tempo foi passando e notei que a água para os convidados tinha acabado, então prontamente providenciaram mais água. Ao acompanhar a movimentação um dos alunos surdos questionou em Libras:

— Cadê a sua água?

— Eu esqueci de pegar antes de começar.

— Mas eles não vão trazer não?

— Acho que não.

— Que falta de educação! Você também está cansada e com sede!

Para falar a verdade estou mais que os palestrantes, pois além de eu não fazer ideia do que eles vão falar, sendo pega de surpresa em cada fala, ainda interpreto a fala de todos enquanto eles alternam o turno no discurso, tendo tempo para descansar a voz, organizar os pensamentos e beber um pouco de água.

Decorreu mais algum tempo, conversa vai, conversa vem, o surdo se levantou e pegou água para mim. Isso me fez lembrar de uma charge que eu tinha visto em que o palestrante de tanto falar quando bebia água saía fumaça da boca, enquanto isso o intérprete de Libras mergulhava suas mãos numa bacia d'água e saía fumaça das mãos. Isso ilustra bem o imaginário dos outros. É comum acreditarem que, como não estamos falando, não podemos sentir sede. Os atletas que me socorram nessa ideia!

Muitas vezes o que para nós parece ser óbvio, não é para os outros. Precisamos ter calma e sempre tentar explicar amigavelmente o que envolve nosso trabalho, e aos poucos, bem aos poucos mesmo, a situação vai melhorando um pouco. Bem pouco.

DELAY DA PIADA

As escolas inclusivas são a maioria no nosso país. Se você não sabe ou conhece, te explico. Escola inclusiva são aquelas em que estudam, na mesma turma, alunos com deficiência e alunos sem deficiência. E para tornar o processo de ensino-aprendizagem mais suave, outros profissionais de apoio atuam na sala de aula junto ao professor regente, que é aquele que domina a matéria. Um desses profissionais de apoio é o intérprete de Libras, responsável por mediar a comunicação entre o professor regente e os alunos surdos, assim como entre os demais alunos ouvintes.

A sala de aula é um organismo vivo e dinâmico, e pode-se dizer que bem acelerado. Algumas turmas são mais emocionantes que outras, e embora sejam compostas por alunos com personalidades, origens e características distintas, a turma em si ganha uma personalidade geral, tanto é que ouvimos os professores comentar "aquela turma é muito bagunceira" ou "aquela turma gosta de conversar" ou "aquela turma é mais tranquila" e assim vai.

Nas turmas mais animadas, sempre tem aquele aluno engraçado que faz a turma toda rir ou tira o professor do sério, depende do ponto de vista. As turmas dadas ao riso acrescentam um desafio a mais na atuação do intérprete de Libras, pois traduzir piadas não é tão simples assim. Na verdade, nem sempre uma piada fará sentido ou terá graça quando traduzida para outra língua, isso porque, em grande parte, a graça da piada depende de aspectos culturais e muitas vezes linguísticos.

Quando alguém solta uma piada e a classe inteira começa a rir, os alunos surdos querem logo saber a razão de tanta animação. Se alguém é chamado de "dedo-duro" ou "x-9" em língua portuguesa, para que faça sentido na Libras eu terei que traduzir como delator, pois se eu traduzir "dedo-duro" em Libras provavelmente o surdo vai questionar por que o dedo endureceu. O mesmo acontece se alguém brinca que o nariz do outro cresceu por contar uma mentira, fazendo referência ao Pinóquio. Nesse caso, provavelmente traduzirei diretamente para "mentiroso", pois a maioria dos contos infantis não são acessíveis em Libras. Resultado? Nem todos conhecem, e até que eu explique a história do Pinóquio a graça já foi embora e a sala já estará conversando sobre outra coisa. Viu como é complicado? Mas lidamos com essas situações diariamente ao trabalhar em sala de aula, principalmente com adolescentes.

Certo dia, na hora do intervalo, em meio às brincadeiras em que os alunos trocavam insultos, um chamou o outro de "tetudo", fazendo referência aos aspectos dos peitos. Todos começaram a rir e o surdo ficou ansioso querendo entender o motivo, então os alunos soletraram em Libras: "T-E-T-U-D-O" e apontavam para os peitos. Sem conseguir captar o sentido e o porquê daquilo ser tão engraçado, o aluno surdo me enviou uma mensagem solicitando minha presença com urgência. Fui preocupada achando que surgira algum problema.

De longe o surdo já me questionava:

— O que é T-E-T-U-D-O? Me explica rápido!

Eu pedi aos alunos o contexto da conversa para saber como traduzir, e os alunos ouvintes ficaram ansiosos, pois queriam que o surdo compartilhasse da alegria deles. Segue a explicação que fiz em Libras tentando explicar a razão de ser engraçado, enquanto todos me olhavam atentamente com o sorriso preso esperando o *habeas corpus*:

— É comum chamarem os peitos da vaca de "teta", então, quando falaram que ele é "tetudo" estão querendo dizer que os peitos dele são tão grandes que se assemelham às tetas de uma vaca!

O surdo então soltou um riso alto ao qual os ouvintes corresponderam rindo largamente. Logo o surdo sugeriu um sinal em Libras para ser usado no lugar da expressão "tetudo" assim, da próxima vez, a piada seria entendida instantaneamente.

Cerca de trinta minutos após a piada ter sido contada pela primeira vez, o aluno surdo entendeu e conseguiu se divertir com os colegas de classe. Pelo menos dessa vez valeu a pena, pois geralmente ao traduzir e explicar a piada perde a graça. Todo esse processo me gerou certa ansiedade, porque eu queria corresponder à expectativa que todos tinham de que o surdo entendesse a brincadeira e pudessem rir juntos.

A CULPA É DO INTÉRPRETE

A corda sempre arrebenta do lado mais fraco, fato! No momento, nós intérpretes somos esse lado fraquinho, fraquinho! Aqui no Brasil nossa profissão foi reconhecida oficialmente em 2010, então pode-se dizer que é uma profissão jovem, que poucos conhecem e entendem o que está envolvido na nossa atuação.

No entanto, uma coisa todos aprendem rapidinho: somos um ótimo bode expiatório! Assim, se o aluno não teve boas notas:

— Será que o intérprete conseguiu passar os conteúdos direitinho? Porque eles não têm formação em Física! Eu não tenho como saber o que ele está falando, só vejo ele mexendo as mãos e eu nem sei se é possível traduzir o que eu falo por esses gestos aí, vai saber...

Mas se o aluno surdo conseguiu boas notas e teve um bom desempenho:

— Será que o intérprete passou as respostas? Eles ficam conversando ali no canto e eu não sei sobre o que estão falando, pode muito bem responder a prova pelo aluno! Fica difícil! O mesmo acontece quando o aluno surdo tem dificuldade para entender um determinado tema. O problema não está na metodologia do professor regente que não contempla os surdos, não é o fato de não explorarem a visualidade como estratégia de ensino, muito menos é o fato de os conteúdos não estarem contextualizados à realidade dos surdos. Também não é porque o professor não adiantou o material que será usado na aula para que o intérprete pudesse fazer, antecipadamente, um estudo terminológico para elaborar estratégias de tradução, permitindo que assim ele realizasse seu trabalho da melhor maneira possível. E com certeza não é porque o planejamento não foi feito em colaboração com o intérprete, pois este poderia dar sugestões de como adaptar o material e tornar a aula acessível para os surdos, definitivamente não.

Se o aluno não estudou ou está desinteressado, precisa ver o que o intérprete está fazendo! Este é um texto cheio de exclamações, porque não nos resta mais nada além de admirar como as coisas acontecem. Não vamos também para o outro extremo de pensar que todos os intérpretes são perfeitos. Confiem em mim, não há pote de ouro no final do arco-íris, mas 99,9% dos problemas atribuídos a nós, não nos pertence. O 0,1% tratamos entre nós, pois não temos a quem recorrer por ajuda senão àqueles que partilham conosco das nossas frustrações.

Quando o aluno não faz uma atividade ou um trabalho, como qualquer outro aluno humano, nós somos indagados sobre o motivo e não temos o direito de permanecer calados ou de não criar prova contra nós mesmos. E aqui vai uma palavra de cautela: se você é intérprete não assuma uma responsabilidade que não é sua. Até porque, no fim das contas, se der errado a culpa será sua mesmo, e se der certo você não teve nada a ver com isso.

Rompemos as leis da física estando em dois lugares ao mesmo tempo, ou será que o que não pode é dois ocuparem um mesmo lugar ao mesmo tempo? Não sei, não tenho formação para isso!

PROVANDO DO PRÓPRIO VENENO

Sabe aquelas pessoas que não perdem uma oportunidade de zombar dos outros, ou de fazer uma crítica maldosa e indelicada disfarçada de "sinceridade", mas quando recebem o mesmo tratamento ficam #magoadinhas? Conheço várias pessoas assim e já tive muitos problemas com elas.

Eu sigo aquela lei que diz: "dê dinheiro, mas não dê ousadia!", pois meu comportamento ensina aos outros como elas podem me tratar. Isso mesmo, nem Alice no País das Maravilhas iria esperar tratar os outros mal e esperar homenagens e congratulações em troca.

Mas há quem viva em outro país, ou melhor, planeta, pensando que vai fazer, acontecer e ainda ganhar o prêmio de melhor pessoa do ano. A regra é clara, quando eu faço piada com alguém, sou grosseira e mal-educada devo esperar o mesmo de volta. O contrário nem sempre é verdadeiro. Às vezes tratamos os outros com cordialidade e bondade e recebemos um baita de um coice de brinde, afinal toda regra tem exceção.

O ponto é que no ambiente escolar, principalmente, ao fazer piadas e brincadeiras eu estou autorizando tacitamente os outros a agirem da mesma forma comigo. Nem adianta reclamar. Se quiser, até pode, mas creio que não fará diferença ou dará mais combustível para as piadas.

Certo dia, durante a aula de matemática, no fundo da sala alguns alunos murmuravam e riam. Sávio, o aluno surdo, viu a movimentação e quis saber o que estava acontecendo, logo me interrompeu e perguntou em Libras:

— Do que eles estão rindo?

— Não sei, não consigo ouvir.

— E você não é ouvinte? Como é que não consegue ouvir?

— Sim, mas dependendo da distância e do volume da conversa eu não consigo compreender!

— Ah! Não sabia! Pensei que você conseguia ouvir tudo!

— Pois é, mas presta atenção que o professor está explicando!

A conversa no fundão foi se intensificando até que um aluno, que também sorria, chamou minha atenção:

— Olha, Juliana! O Augusto fez uma piada com Sávio só porque ele não pode ouvir!

Sávio quis saber o teor da conversa, fiz a tradução. Ele sorriu aparentando um certo desconforto.

Acho bem interessante como temos a capacidade e facilidade de ofender os outros, e quando recebemos o troco ficamos profundamente ressentidos. Então procurei em minha resposta esclarecer o papel de cada um nessa controvérsia, falei e sinalizei ao mesmo tempo:

— Não se preocupem, nós também zombamos de vocês em Libras e vocês nem sabem!

Todos, incluindo Sávio, riram admirados com a triste sensação de que não poderiam ficar magoados, pois estavam todos no mesmo barco: culpados e vítimas ao mesmo tempo. O professor primeiro riu, depois ficou preocupado. Acredito que começou a se perguntar se também não falávamos dele em "segredo". Eu não sei de nada...

Ele não é mudo!

Já percebeu que quando ensinam algo errado rapidamente absorvemos aquela informação? O contrário também é verdadeiro, quando tentamos reverter a situação ensinando o que é certo demoramos a fixar a informação correta. Mas por que isso acontece? Não sei, mas gostaria de saber!

Não é de hoje que a comunidade surda luta para desconstruir conceitos errados e divulgar os termos corretos. Entretanto, vez após vez as palavras erradas são pronunciadas e, geralmente, em meios a grande repercussão fortalece suas raízes e sufoca o florescer da mudança.

Sempre que eu escuto "é a moça da linguagem dos sinais" meu estômago revira. Primeiro, porque Libras não é uma linguagem, mas sim uma língua. E tem diferença? Tem sim. Abra sua cabecinha e gruda o que eu vou falar agora:

— Linguagem é nossa capacidade natural de se comunicar, assim como os animais têm, cachorro, gato, baleia... Língua é um sistema organizado e especializado de comunicação que só os humanos têm, como a língua portuguesa, inglesa, espanhola e assim por diante.

— Ah! Não sabia! É que no curso que eu fiz a professora falou que era linguagem...

— Infelizmente tem muita gente sem qualificação ministrando curso e espalhando coisa errada por aí, mas se desejar se aprofundar no assunto eu te envio uns artigos, livros e pesquisas para te ajudar a entender melhor.

Quinze minutos depois a pessoa me solta um "linguagem" sem dó nem piedade. Ô vida sofrida!

Outro termo que causa muito problema é o "surdo-mudo". O fato é que além do termo ser cientificamente incorreto, pois a maioria dos surdos não são mudos, ainda é considerado pejorativo.

— Como assim?

— Surdo é aquele que não ouve, pois tem algum problema no aparelho auditivo falando de uma perspectiva clínica, já a pessoa muda é aquela que tem algum problema físico ou psicológico que a impede não só de falar, mas de emitir qualquer som vocal. A maior parte dos surdos não conseguem falar uma língua oral inteligivelmente por falta do estímulo auditivo e falta de treinamento, tanto é que quando eles estão se expressando em Libras costumam emitir sons, mostrando que o aparelho fonador está intacto. Se eles desejarem, podem aprender a falar uma língua oral com o auxílio de um fonoaudiólogo.

— Ah! Mas o mudo da minha rua não falava não!

— Você quis dizer surdo?

— Sim! Ai meu Deus, isso é muito complicado!

— Mas ele emitia algum som e conseguia gritar?

— Ixi, demais até!

— Pois, se ele fosse mudo não conseguiria gritar.

— Ah...

A dica de ouro para não esquecer esses dois conceitos básicos e não acender a ira da comunidade surda é lembrar que a sigla Libras significa "LÍNGUA Brasileira de Sinais". E na dúvida se chama a pessoa de surda ou pessoa com deficiência auditiva, chame-a pelo nome. Pode não fazer diferença para você, mas para quem carrega anos de luta e estigma fará, com certeza.

H_2O

H_2O, esta fórmula quase todo mundo conhece, mesmo que não tenha uma formação acadêmica. De tanto ouvir falar, a fórmula da água é bem famosa. Mas como eu disse, *quase* todo mundo conhece, pois *ouviu* falar. Se você é ouvinte vai achar esta história um tanto quanto peculiar, mas se você é intérprete de Libras vai perceber que é só mais um dia comum de trabalho.

Antes de mais nada é importante esclarecer que desde crianças o que mais fazemos são perguntas, pois é assim que desvendamos os mistérios da vida. Desde bem pequenos começamos com nossos intermináveis porquês, pois tudo é novidade e estamos ansiosos para entender o mundo que nos cerca. Mesmo que não recebamos uma resposta digna de um artigo científico, as pessoas que nos rodeiam tentam nos responder de acordo com a nossa idade e com o conhecimento que elas têm.

No caso da criança surda, que em sua grande maioria são filhos de pais ouvintes que não conhecem a língua de sinais, os porquês os acompanham durante muito tempo, até terem a oportunidade e o prazer de conversar com alguém que fale sua língua e possa lhe saciar a sede de conhecimento. Assim, perguntas simples ficam sem respostas e o quebra-cabeça vai sendo montado aos poucos num tempo diferente dos ouvintes.

Além de aprender diretamente através das respostas que recebem, os ouvintes ainda acessam o conhecimento de várias formas: ouvindo a conversa alheia, assistindo TV e vídeos na internet, acessando infindáveis páginas de conteúdo bastando apenas dar um Google, ou ainda falar "ok, Google", "Oi, Siri", "Alexa..." e as dúvidas são satisfeitas rapidamente.

Nenhum desses sistemas são confortavelmente acessíveis para o surdo no momento em 2023, principalmente por meio da conversa alheia! Então não é de se admirar que surdos adultos possam ter dúvidas e questionamentos que deveriam ter sido sanados há muito tempo. Ao ter contato com o intérprete de Libras na sala de aula, o surdo percebe o momento oportuno para sair do jejum intermitente de informação.

Visto que trabalhamos numa sala inclusiva, com alunos surdos e ouvintes, muitas vezes precisamos filtrar alguns questionamentos públicos dos surdos, para que não se crie um estigma maior do que já existe em relação à surdez, para que eles não sofram *bullying* e nem sejam vistos erroneamente como pessoas com inteligência inferior. Acreditem, explicar que a pergunta aparentemente infantil se dá devido ao ambiente em que o surdo é criado, privado de seus direitos linguísticos, não fará professores e alunos segurarem o riso evitando o constrangimento do aluno surdo. Sei disso porque já trabalhei com alunos que oralizavam e foram ridicularizados por externarem suas necessidades educativas sem que eu tivesse tempo de agir.

Foi assim que me vi numa situação complicada, e se tem uma vantagem em ser intérprete é que aprendemos a pensar rápido, pelo menos na maioria das vezes. A aula era de Química e a turma era de Educação de Jovens e Adultos (EJA). O aluno surdo, Diego, é oralizado, porém sua fala não é tão compreensível, principalmente em situações de ansiedade. No entanto, diversas vezes precisava alertá-lo que estava falando alto demais e atrapalhando a aula. Como ele é surdo, os professores não se sentiam à vontade para pedir que ele parasse de conversar, com medo de serem taxados como não inclusivos ou preconceituosos. Situação delicada!

A professora muito simpática, tanto de personalidade quanto de aparência, atraíra os olhares de Diego que participava das aulas dela com muita empolgação tentando ganhar um espaço em seu coração. A professora escreveu no quadro a fórmula "H2O" e perguntou à turma o que significava. Eu rapidamente interpretei a pergunta e Diego não se conteve em bradar na esperança de ser o primeiro a responder:

— REFRIGERANTE!

Com meus olhos quase saindo da caixa, fiz um gesto pedindo que ele fizesse silêncio. Enquanto isso todos nos olhavam franzindo a testa, com olhar de descrédito, outros sorrindo, pois tinham certeza do que tinham ouvido.

— O que ele disse, Juliana? — perguntou a professora.

— Não, a gente estava conversando aqui e ele se empolgou! — forcei um sorriso.

Mas Diego inconformado falou:

— É um refrigerante sim!

Pensei rápido e respondi para a professora que me condenava:

— Ele comentou comigo que tem uma marca de refrigerante que também se chama H2O, ou algo parecido, o mesmo que a fórmula da água!

— Ah! Realmente, mas aqui vamos falar apenas na constituição da água mesmo.

— Certo!

Enquanto a professora continuava sua explicação eu interpretava, mas Diego ficou chateado, pois eu tinha apagado seu brilho. Ao final da aula expliquei para ele o que envolvia a situação, também ministrei um minicurso expresso sobre surdez para os alunos que ouviram a resposta e me julgaram por não ter feito a interpretação fielmente e por ter acabado com o *timing* da piada que já estava pronta.

Pega no flagra!

O papel do intérprete de Libras dentro da sala de aula é muito confuso, até nós mesmos nos confundimos às vezes. O que pode ser feito para melhorar o convívio e tornar o trabalho produtivo e efetivo é que o professor regente e o intérprete formem uma parceria, assim o planejamento e execução das aulas devem ser feitos em comum acordo. No mínimo o professor precisa adiantar para o intérprete o que ele pretende fazer, dessa forma o intérprete tem como procurar meios para se preparar.

Isso raramente acontece por várias razões. Imagino que a principal delas seja o tempo, é difícil alinhar dia e hora para se sentarem e planejarem juntos repetidamente durante todo o ano letivo. No entanto, no decorrer das aulas, o intérprete percebe que são necessárias algumas adaptações que contemple o aluno surdo, quando o professor por si só não percebeu essa necessidade. É aí que o tempo fecha! Previsão de tempestades, neblina densa e climão.

Muitos veem sugestões como reprovações, em especial quando a pessoa que recebe tem uma titulação mais alta ou tem baixa autoestima, pois vê as sugestões como uma subestimação de sua inteligência. Paranoias à parte, sabemos que a formação de professores não contempla o ensino de pessoas com deficiência, transtornos ou dificuldades de aprendizagem, e quando tem é tão raso que não os prepara de fato. Eles precisam buscar esse conhecimento paralelamente ou posteriormente.

Dessa forma, nossas sugestões visam facilitar o trabalho do professor regente e o nosso, é claro! E o maior beneficiado é o aluno, que terá um processo de aprendizagem menos dramático. Porém, depois de diversas tentativas, acabamos desanimando e procuramos na nossa prática se virar nos trinta.

Já trabalhei com vários professores com personalidades diferentes, mas teve um professor de língua inglesa que era a personificação da resistência. Tentei de várias formas dar sugestões para que o aluno surdo, que se sentia completamente abandonado, fosse incluído nas aulas e nas atividades. Sem sucesso! Enquanto tentava dar cambalhotas na interpretação, Bruno me interrompeu:

— Deixa para lá! Eu sei que ele não gosta de mim mesmo porque sou surdo!

— Não! Não é que ele não gosta de você, é que ele não sabe como te ensinar porque ele nunca teve alunos surdos, então ele fica sem saber como fazer.

— Certo...

E foi nesse clima chato que o bimestre transcorreu até chegar o dia da avaliação. Parte da prova consistia em preencher um vocabulário, e para que Bruno tivesse a mínima chance de realizar a prova elaborei um vocabulário com imagens e seus correspondentes em inglês. Ele estudou, mas além da surdez, também apresentava outras dificuldades de aprendizagem. Então depois de ele tirar notas baixíssimas eu tive a brilhante ideia, ao menos no momento pareceu, de combinar com ele que na hora da prova eu iria fazer o sinal e ele colocaria o nome em inglês.

O professor muito cauteloso reorganizou a sala de aula, afastando as cadeiras e trocando alguns alunos de lugar, distribuindo as provas e desejando boa sorte. Fiz a tradução da prova e quando chegou no vocabulário, Bruno, ansioso, me lembrou do nosso combinado:

— Você vai fazer o sinal, não é?

— Sim, vou começar!

Na Libras temos alguns sinais icônicos, ou seja, só de olhar já vem à mente o objeto representado, como no caso do sinal de "abelha". Enquanto todos faziam a prova, o professor passeava pela sala observando o desempenho dos alunos. Ele estava no fundo da sala e quando chegou a vez da palavra "abelha", no exato momento que executei o sinal, o professor olhou para mim e reclamou:

— Assim não dá, não é, Juliana! Até eu que não sei Libras sei o sinal que você fez!

Corei! Tentei explicar:

— Como eu falei para o senhor, ele tem dificuldade com as palavras. Dessa forma ele só precisa associar a palavra em inglês ao sinal, o senhor viu como ele foi mal nas outras provas!

Muito educado, ele se calou e deixou que todos terminassem a prova. Bruno ficou preocupado, mas continuamos nossa estratégia. Ao final fui falar com o professor com esta cara de pau que Deus me deu:

— Então professor, como eu tinha falado, ele tem muita dificuldade. Veja só, eu percebendo o desespero de Bruno fiz esse vocabulário — mostrei que continha as imagens, os nomes em português e em inglês. — Mesmo assim ele tirou notas ruins, mas ele tem estudado. Então pedi que ele estudasse apenas a palavra em inglês, pois eu faria o sinal. Mesmo assim ele teve dificuldade, veja se ele conseguiu lembrar da palavra abelha?

Olhando seriamente as respostas de Bruno, ele reconheceu:

— Olha, eu não sei o que fazer para ensinar para ele, então faça do jeito que você achar melhor. Confio no seu trabalho, lamento, mas não sei o que fazer...

— Tranquilo professor, mas entenda que não quis passar por cima da sua autoridade, foi só uma estratégia que eu pensei que ajudaria...

— Não, sem problema!

Ai, ai! Terrível. Confesso: fui culpada! Eu sei que deveria ter conversado com o professor antes de pôr em prática meu plano, mas eu já tinha tentado dar sugestões, e situações desesperadoras requerem medidas desesperadas. O tiro saiu pela culatra, pois em vez de chamar o professor para a responsabilidade dele de adaptar sua metodologia, ele passou o bastão de vez para mim. Consolo, eu tentei!

Intérprete integral

O que você pensa quando ouve a expressão "Intérprete integral"? Será o intérprete que trabalha oito horas por dia? Será o que se dedica 100%? Será um intérprete que atua em todas as áreas? Ou será aquele que está plenamente formado? Nenhuma das alternativas! No imaginário de muitas pessoas, principalmente familiares do surdo, acredita-se que a escola deve ter um intérprete de Libras que fique à disposição para suprir qualquer necessidade do aluno surdo. Eis o intérprete integral!

O que significa dizer que desde a hora que o aluno pisa na instituição até a hora que ele sai, o intérprete deve estar grudadinho no surdo, para quando necessário atender também por aplicativo de mensagens e videochamadas nos momentos em que não estiver presente fisicamente. Lembrando que um turno de aula tem em média quatro horas e meia, em que são interpretadas aulas dos mais diversos conteúdos, e ainda esperam que ministremos aulas de reforço, ajudemos na realização de atividades, tiremos dúvidas sobre os mais diversos temas do universo e prestemos consultoria amorosa e familiar.

Por enquanto, o intérprete integral é apenas um ser mitológico! Conheço alguns que tentaram ser o que também é chamado de Intérprete de Alta Performance (IAP) e acabaram adoecendo física e mentalmente. Se bem que ter isso como alvo já mostra que o indivíduo não está bem.

Já trabalhei com um intérprete, Fabiano, que tentava ser um IAP. Ele ia em seu carro buscar o surdo em casa e o levava de volta da escola, levava também para sua própria casa e passavam o dia assistindo todo tipo de conteúdo que era interpretado por ele, videochamadas a todo momento, ajudava a resolver assuntos pessoais... Era perfeito para o surdo e para a família dele. No entanto, Fabiano vivia reclamando de seu esgotamento físico e mental, apresentando problemas de saúde constantes, mas sempre firme:

— Ai, estou morto! Interpretei sozinho uma palestra agora para Daniel, um assunto muito complicado. Daqui a pouco tem aula, não sei se aguento chegar às dez da noite!

— Que palestra? Não sabia que estava tendo um evento hoje.

— Não, foi uma palestra que ele viu na internet. Ele ficou curioso com o tema e pediu para eu interpretar. Mas eu tinha acabado de traduzir uns materiais para ele aí já estava cansado e agora estou morto!

— Interpretou por que quis, não é? E você sabe que, se você adoecer e precisar de uma licença médica, não terá ninguém para te substituir. Aí vai ficar ruim tanto para você quanto para o surdo.

— Eu sei, mas é que eu fico com dó do aluno querendo aprender e eu negar.

— É, mas você não vai conseguir abraçar o mundo todo com as suas mãos, não!

Resultado: eles acabaram se desentendendo e a situação ficou tão feia que foi parar na direção. O surdo, chateado, afirmava que Fabiano tomava a frente em decisões que não cabia a ele. E quando algo de errado acontecia, Fabiano tentava jogar a culpa em Daniel. Como a controvérsia foi resolvida nas instâncias superiores, não fiquei sabendo de todos os desdobramentos, e Fabiano, muito envergonhado, não quis comentar o caso. Acho que com medo de ouvir aquele clássico "eu te avisei!".

Moral da história: o intérprete de Libras precisa estar presente em todos os espaços, escola, hospitais, comércios e assim por diante. As instituições precisam respeitar os direitos dos surdos, pois se cada um fizer sua parte todos saem ganhando. Mas se eu quiser fazer o trabalho de todo mundo, não faço bem nem o meu nem o dos outros.

INTÉRPRETE NA PANDEMIA

Que o mundo se tornou um caos durante a pandemia de Covid-19 é inegável. As medidas adotadas para conter o vírus nos levaram a mergulhar de cabeça no mundo virtual, embora já estivéssemos com a água acima da cintura. Na área da educação tivemos que nos adaptar e nos reinventar, aprendendo a lidar com algumas tecnologias e métodos que não usávamos com tanta frequência até que começaram as aulas on-line.

As aulas on-line renderam muitas experiências novas: professores falando com áudio desligado, alunos falando o que não deveriam com o áudio ligado, problemas de conexão, um monte de câmeras fechadas e aquela sensação de que o professor estava falando com as paredes, alunos sem ter um espaço adequado para estudar. E o intérprete? Como sempre ficou no meio desse fogo cruzado, interpretando aulas sem saber se o aluno surdo estava de fato assistindo.

Mas os intérpretes começaram a ganhar visibilidade antes disso, pois artistas começaram a fazer *lives* e incluir a interpretação de Libras. Então todos quiseram entrar na moda e a tendência se espalhou para os eventos educacionais. Todos queriam a presença do intérprete, mas sem ter que pagar por isso. E a área da educação não é diferente!

Então as instituições, que já tinham intérpretes, começaram a sobrecarregá-los sobre a premissa do "vocês não são as pessoas da inclusão?", mas esqueceram de incluir no pacote as condições dignas de trabalho, o respeito ao profissional, os direitos e por aí vai... Ladeira abaixo. Eram tantas solicitações de participações em eventos, convites de outras instituições "parceiras" que fomos salvos apenas pela "instabilidade" da internet. "Espera, está tra-van-do... Caiu!"

Nesse período, fui interpretar uma *live* e pouco antes me passaram algumas instruções: usa uma câmera de boa qualidade e com boa resolução, cuide para que a iluminação também esteja boa, que não crie sombras nem te ofusque, esteja com um fundo neutro e num lugar silencioso e que não tenha interrupções. O que? Minha mente não estava em boas condições, imagine só meus aparelhos eletrônicos! De onde surgiria esse superestúdio solicitado?

Os bastidores eram ainda melhores. Com temas diversos solicitavam nossa presença sem nos passar com antecedência o conteúdo a ser interpretado, quando questionávamos nos respondiam:

— Não tem *slides*, vai ser apenas uma conversa!

Uma conversa sobre Física Quântica! Erro meu, não avisei que meus poderes de adivinhação tinham ido embora com minha saúde mental!

Agora a moda já passou. Eu que achei que a tendência tinha vindo para ficar, no entanto a maioria dos eventos estão acontecendo sem a presença do intérprete. Se tiver, bem, se não tiver, tá tudo bem também! O que nos resta agora é lidar com os traumas, tirar lições das experiências e continuar nossa luta pela acessibilidade.

AJUDA QUEM NÃO ATRAPALHA

Confesse: você também acha lindo ver o intérprete mexendo as mãozinhas! Para muitos, esse é o nosso trabalho. E quando do alguns insistem em usar as luvinhas brancas, chega a ser poético! Pelo amor de Deus, esqueçam as luvinhas brancas!

Quando estamos em ação atraímos todos os olhares. Muitos admiram, outros ficam curiosos tentando captar a nossa mensagem, outros acham graça. Tem até alguns artistas famosos que já se sentiram enciumados pelo fascínio que os intérpretes despertam durante o show que já até solicitaram a retirada deles no meio do espetáculo.

Nosso trabalho desperta tanta curiosidade que muitos não aguentam esperar até o final para nos fazer alguma pergunta ou expressar suas opiniões. Talvez por estarmos usando as mãos para falar, as pessoas acreditem que o nosso cérebro e a boca estejam livres para bater um papo de boas.

Fui interpretar uma palestra numa feira de ciências, e tinha apenas um aluno surdo na plateia. Bruno estava bem animado, pois estava interessado pela área de Física e queria aprender tudo o que fosse possível. Então eu ia interpretando, e Bruno ia reagindo com entusiasmo. Para não fugir do padrão, não tinham reservado um lugar para mim, então sentei onde foi possível de modo que a visão ficasse livre entre Bruno e eu. Lá para o meio da conferência chega uma pessoa perto de mim e sussurra:

— Oi, tudo bem? Acho tão lindo seu trabalho. Eu tenho um curso básico de Libras, mas nunca interpretei para um surdo. Sou professor, mas não tenho nenhum aluno surdo no momento.

Bruno revirou os olhos, bateu os pés no chão, cruzou os braços, me encarou inconformado e sinalizou:

— Pede para ele sair, está atrapalhando!

Tentei falar o mais bondosamente possível:

— Você vai ficar até o final? Podemos conversar depois, ele está muito animado com essa palestra, querendo saber tudo que estão falando — apontei para Bruno que deu um sorriso sem graça.

— Oh, sim! Claro! Me desculpe! É que eu tenho muita vontade de aprender, pois quando aparecer um aluno surdo eu quero poder me comunicar com ele diretamente, para ele se sentir parte da sala, sabe? Porque eu vejo como é difícil para eles estudarem, sempre dependendo do intérprete. Eu acredito que muita coisa precisa mudar e não são só os professores que precisam aprender Libras, todo mundo precisa aprender. Do mesmo jeito que ensinam inglês e espanhol, por que não ensinam Libras também? Eles são brasileiros e precisam ter seus direitos respeitados...

Pois é, se em vez de água servissem chá de "Semancol" nos eventos, muitos problemas seriam resolvidos. Vejamos pelo lado positivo: aquele professor estava realmente engajado na inclusão, só estava no lugar errado e na hora errada!

Quem cola não sai da escola

Como em qualquer profissão existem profissionais bons e ruins, os que trabalham de forma ética e compromissada e os que não. Não dá para generalizar, e mais do que nunca se procura pessoas por indicação e ter referências sempre foi um item decisivo para uma contratação. Não podia ser diferente com o intérprete de Libras.

No entanto, dentro do ambiente escolar aparentemente todos estarão acima de qualquer suspeita se houver um intérprete por perto. Já aconteceu de eu estar numa sala lotada de pessoas que entravam e saíam, organizando as provas de um processo seletivo, mas só os intérpretes tiveram que assinar um termo de responsabilidade e sigilo para que pudéssemos fazer um estudo pré-interpretação lá mesmo dentro da sala e na presença de todos.

Alguns queriam se recusar a assinar justamente pelo motivo de só nós sermos os suspeitos, porém eu raciocinei com eles que se o conteúdo da prova vazasse argumentaríamos que estávamos acima de suspeita, pois tínhamos assinado o termo e os outros não. Xeque-mate!

É claro que entre nós existem, sim, umas frutas podres, mas assim como nas outras profissões não podemos generalizar. Certa vez uma intérprete trabalhava numa sala de aula com seis alunos surdos no total. Era dia de prova e eles estavam desesperados, pois não tinham estudado. Afinal, todo o material disponível estava em língua portuguesa e eles conheciam pouquíssimas palavras. Assim solicitaram que a intérprete revisasse com eles o conteúdo minutos antes da prova.

Sabendo que aquela revisão surtiria pouco efeito a intérprete pensou numa ideia melhor para ela:

— Não se preocupem, a prova é de múltipla escolha e na hora da prova direi para vocês qual alternativa marcar!

A adesão foi unânime e não conseguiam nem conter o sorriso de tanta alegria. A prova foi entregue e a intérprete ia informando em Libras qual resposta deveriam marcar. Para não levantar suspeita, demoraram um pouco e quando alguns alunos começaram a entregar a prova os surdos também o fizeram.

Passando alguns dias veio o resultado da avaliação e para o espanto e revolta, todos os alunos surdos tiveram notas abaixo da média. Eles se sentiram profundamente injustiçados. Isso mesmo, injustiçados. Um deles, inconformado, reuniu o grupo e foram até a diretoria com outra intérprete, que não estava sabendo do acontecido, e relataram o fato à diretora. Eles alegaram que a intérprete, em vez de realizar seu trabalho, passou as questões do português para Libras deixando que os alunos escolhessem por si só uma alternativa, se recusando a fazê-lo e ordenando apenas que marcassem a alternativa que ela sugeria.

Não deu outra, foi uma troca de acusações sem fim e no final das contas a intérprete foi trocada, e só não perdeu o emprego porque a necessidade era grande e não haveria quem colocar no lugar dela, mas sob a advertência de que não repetisse o ocorrido.

O maior bem que podemos fazer ao outro é agir corretamente com ele. Existem problemas e injustiças que não estão ao nosso alcance solucionar ou compensar. O melhor a fazer é dar nosso melhor dentro das nossas possibilidades. Agir corretamente é um ato de resistência.

EU NÃO SOU CACHORRO NÃO ...

Para quem ouve é difícil imaginar os transtornos que a falta de audição pode causar. Talvez até imaginemos de forma geral que deve ser difícil, mas se nos aprofundarmos nessas dificuldades veremos que é bem mais complicado do que imaginamos. Os primeiros desafios começam dentro de casa, a comunicação entre os familiares não é completa, e se já surgem conflitos entre parentes que falam o mesmo idioma, imagina só envolvendo línguas diferentes!

Por causa disso, muitas pessoas surdas crescem sem construir plenamente sua identidade e seu senso de pertencimento, que são muito importantes para o desenvolvimento pessoal e manutenção da autoestima. Sem falar nas lacunas de informações que criam um abismo entre quem domina ou não uma língua.

A fase da adolescência, que já é uma enxurrada de mudanças físicas e psicológicas, trazem consigo caos e destruição para pessoas que se sentem desenquadradas no ambiente. As faltas e os traumas são levados para a vida adulta, é óbvio. É possível perceber esses vestígios durante o convívio mesmo durante o trabalho de interpretação em sala de aula. O relacionamento entre aluno surdo e intérprete é notoriamente diferente do que existe entre professor e aluno ouvinte. Conosco eles se sentem à vontade e seguros para expressarem suas ideias mais profundas sem temer receber de volta uma cara de espanto ou de constrangimento.

Anderson, aluno surdo, me mostrou numa conversa informal traços de uma vida cheia de faltas e como isso refletia na forma como ele se enxergava. Onde trabalho é um local enorme e possui muitos animais de rua. Cachorros e gatos vivem perambulando entre pátios e corredores para a alegria dos alunos. Um dia, Anderson e eu estávamos voltando da hora do intervalo e um cachorro andava na nossa frente, então, subitamente, Anderson deu um grito que chamou a atenção de quem estava passando no corredor, e também do cachorro que nos olhou desconfiado já se preparando para correr. Eu questionei em Libras:

— Que susto! O que foi? Por que você gritou?

— Eu queria saber se o cachorro ouvia... Ele ouve! Quando eu gritei ele olhou para mim!

— Sim, esse cachorro ouve, mas tem cachorro surdo também!

— Verdade — sorriu. — Ele é cachorro e ouve; eu sou humano, mas não consigo ouvir, preciso de uma intérprete. O cachorro me venceu!

Percebi que a questão era bem mais profunda do que o simples fato de ouvir ou não, mas tudo que implica não ter audição dentro da sociedade em que ele sempre viveu. Tentei lembrá-lo que a audição era apenas um detalhe:

— Sim, o cachorro ouve e você não, mas você pode se comunicar em Libras, você raciocina, pode estudar, trabalhar, se desenvolver. O cachorro vive por aqui pedindo comida, sem ter onde morar, não tem família, e aí? Quem venceu agora?

— Verdade, eu consegui marcar mais pontos!

Rimos juntos, mas aquilo me tocou profundamente. Anderson já tinha expressado sua inconformidade com o fato de ser surdo e o quanto ele queria poder ouvir. Muito provavelmente devido ao meio em que cresceu e os preconceitos que sofreu, sem ter um ambiente seguro ao qual recorrer em momentos difíceis. Diferente de outros surdos que conheço que não sentem a surdez como algo que falta, ao contrário conseguem ver que a falha está no sistema em que estamos inseridos, que não é inclusivo e não contempla as muitas formas de existir. Se pudéssemos ranquear, quem apresentaria mais falhas?

A GEOGRAFIA ESTÁ DIFERENTE!

Na sala de aula os surdos são minoria, muitas vezes é apenas um aluno surdo entre mais de trinta ouvintes, algum comentário peculiar pode reforçar uma visão negativa a respeito da surdez. E por não os conhecer mais de perto, muitos têm a visão *errada* de que o fato de ser surdo impacta na cognição, na capacidade de abstração, nos relacionamentos e nos diversos campos da vida. É um preconceito — isso mesmo, acontece por criarem um conceito antes de conhecê-los — que existe até no ambiente escolar, onde os surdos costumam estar mais presentes e ativos.

Por exemplo, certa vez, na aula de História, o professor terminou de explicar sobre a independência do Brasil, e perguntou se alguém tinha alguma dúvida. O aluno surdo quis aproveitar esse momento para tirar uma dúvida, e falou em língua de sinais que queria saber quanto o professor ganhava e quanto tinha custado o tênis que ele estava usando. Naquele momento eu tive que conversar com ele, e então argumentei que era inapropriado aquele tipo de pergunta. Diferente dessa situação, eu já trabalhei com alunos que são mais seguros de si e não aceitam ter suas falas cerceadas. Esse é o caso de Alisson, um garoto bastante independente e responsável que cresceu num lar em que seus pais não o trataram como um surdo. Ou seja, os pais não deixaram que o fato de o filho ter uma deficiência mudassem a maneira de vê-lo, não o trataram de maneira especial, como alguém que precisa ter todas as suas vontades satisfeitas incontestavelmente, nem como alguém incapaz e digno de pena, mas sim como um filho, que precisa de amor, educação e disciplina. Alisson tinha um bom desenvolvimento linguístico, dominava a língua de sinais, e inclusive com ele aprendi muito sobre Libras e sobre surdez.

Certo dia estávamos eu e Alisson numa aula de Geografia e, entre uma explicação e outra, o garoto soltava suas piadas que deixavam todos os alunos curiosos querendo saber o porquê de darmos tantas risadas; já o professor mostrava-se alheio ao que acontecia. A aula seguiu até que entramos no tema sobre vulcões, e enquanto o professor explicava em detalhes sobre sua formação e ação, Alisson chama minha atenção:

— Fala para o professor que o vulcão é como uma espinha que a gente tem no rosto, ela vai inchando, inchando, quando a gente pressiona sai a secreção, assim como a lava do vulcão.

Eu, sorrindo, retruquei:

— Você quer passar vergonha! Vão dizer que você é sem noção! O professor vai pensar que você está com palhaçada!

— Não importa! Diga!

— Eu não!

— Vou levantar a mão!

— Você não é doido!

Ele levantou a mão enquanto eu continuava a repreendê-lo com o olhar, então o professor passou a palavra para ele. Eu, querendo entrar na cratera do vulcão, interpretei a fala de Alisson que repetiu sua comparação entre vulcão e acne. O professor pensou por um segundo e falou:

— Exatamente! Que ótima comparação! A pressão que o vulcão sofre para entrar em erupção é semelhante à pressão que fazemos para espremer a espinha! Que menino inteligente! Parabéns! Alunos assim enchem nosso coração de alegria!

Alisson riu mais da minha reação de surpresa ao comentário do professor do que de sua própria piada:

— Está vendo? Eu sou inteligente!

Ficamos sem acreditar, pois, no fundo, no fundo, Alisson queria fazer graça, mas o professor levou seu comentário a sério. Até hoje, Alisson não perde uma oportunidade sequer de passar esse ocorrido na minha cara, me fazendo lembrar que a profissão de intérprete de Libras é como a previsão do tempo: pode chover, mas também pode fazer sol.

O meu, o seu, o nosso

A quem pertence o aluno surdo? A resposta simples é: à instituição de ensino! Como assim? A partir do momento em que o aluno se matricula, todos desempenham um papel em seu desenvolvimento, até mesmo o ouvinte. Assim, cada profissional de educação tem sua parcela de culpa, digo, de responsabilidade.

Mas na prática, como isso ocorre? No imaginário popular acadêmico, o aluno surdo é responsabilidade única e exclusivamente do intérprete, que precisa cuidar do ensino, dos trâmites administrativos, da nutrição, da segurança e da parte psicossocial até que ele se forme. Haja eficiência! Gostaria de conhecer esse profissional tão completo.

No entanto, cabe ao intérprete a mediação comunicacional, dessa forma, se o aluno surdo precisar resolver algum problema na secretaria, o intérprete o acompanhará e fará a interpretação da conversa de Libras para língua portuguesa e vice-versa. O mesmo se dará em qualquer outro setor da instituição, inclusive, e, principalmente, dentro da sala de aula.

Porém, quando o aluno falta, perguntam:

— Ele não vem hoje não? O que foi que aconteceu?

Se ele não fez a atividade:

— Por que ele não fez a atividade?

Se ele está triste:

— O que aconteceu que ele parece estar tão triste? Está passando por algum problema?

Eu me pergunto se acontece o mesmo com os alunos ouvintes. Será que a mínima mudança de comportamento é relatada e questionada aos pais ou responsáveis? Acho que não. Talvez alguns pensem que é exagero pensar que esse tipo de pergunta é inapropriada, pois à primeira vista parece mais uma preocupação amorosa.

Só que a experiência tem mostrado que o direcionamento dessas questões para o intérprete reflete uma delegação de responsabilidade. Isso mesmo. Quanto mais eu atender a esse tipo de indagação maior será a tendência de colocar todo o peso pelo desempenho do aluno sobre meus ombros, o que não é correto nem justo. Prova disso é que frequentemente ouvimos de um professor:

— Veja aí o que você faz com ele!

Enquanto o correto seria:

— O que eu poderia fazer para ajudá-lo?

Eu sei a língua, Libras, e tenho conhecimento sobre a cultura surda e suas peculiaridades, então é esperado que eu tenha sugestões a dar nos mais diversos contextos, mas eu não sou responsável pelo ensino em si, ou qualquer outro atendimento.

É claro que pelo contato e muitas vezes sermos os únicos que falam língua de sinais na instituição, o aluno surdo se sentirá mais confortável em tratar dos assuntos com o intérprete, mas em hipótese alguma esse deve pegar para si o que é responsabilidade dos outros, até porque nosso conhecimento é limitado.

Já pensou se o aluno tem um problema com o intérprete? "Quem poderá defendê-lo?" Note como é importante que outros profissionais não só saibam Libras, como também tenham o hábito de se relacionar com eles cumprindo cada um com o seu papel dentro da escola.

O ENIGMA DO OLHAR EMPÁTICO

Como intérprete de Libras focamos nossos esforços e estudos na área da surdez. No entanto, por já estarmos dentro da área de inclusão, é comum termos contato com outras deficiências, transtornos e dificuldades de aprendizagem, por isso acabamos estudando sobre esses temas também.

Me pergunto como as pessoas que não são da área enxergam o outro que vive numa condição diferente. O que elas pensam? O que comem? Onde vivem? Brincadeiras à parte, é que não consigo me lembrar exatamente sob que olhar eu as via antes de ter um contato mais próximo com elas. Eu imagino que tinha receio de me aproximar, com medo de falar ou fazer algo inapropriado. Também tinha muita vontade de satisfazer toda a minha curiosidade: você nasceu surdo ou perdeu depois? Não consegue ouvir nada ou ouve alguma coisa? Como é que pode um surdo dirigir? Por que não usa aparelho? Tudo numa mesma conversa.

Um curso que fiz sobre acessibilidade e inclusão mudou muito minha forma de pensar, principalmente por causa de um questionamento: Qual a diferença de falar que fulano é "deficiente" ou que é uma "pessoa com deficiência"? A resposta é que, antes de tudo, eles querem ser vistos como *pessoas*, então só depois considerar a deficiência.

De fato, qualquer pessoa com o juízo bom e um pouco de noção não faria uma enxurrada de perguntas a alguém que acaba de conhecer, nem evitaria por completo a comunicação por medo de falar algo inapropriado, nem a trataria como criança sendo que ela já tem 35 anos, nem exigiria da pessoa a obrigação de ser um exemplo de superação. Ver primeiro a pessoa, depois a deficiência para saber que suporte ou apoio será necessário, isso é marcante. Claro que ainda tenho muito que aprender.

Por termos experiência na área, somos procurados regularmente para esclarecer dúvidas a respeito da inclusão e da acessibilidade. Um professor me surpreendeu uma vez, pois minha amiga intérprete, Gláucia, foi questionada por ele, sobre como agir com uma aluna que além da surdez apresentava transtorno de ansiedade generalizada:

— O senhor precisa ter um olhar empático!

— Como assim, um olhar empático? O que você quer dizer com isso?

"Como assim, um olhar empático?" Se tem um termo que para mim é autoexplicativo é "olhar empático". Se o indivíduo não consegue entender isso, o que mais podemos fazer por ele? Parar um pouco e se colocar no lugar do outro, é tão difícil assim? Será se você não parar! Se colocar no lugar do outro necessita de uma análise da situação, o que requer um pouco de tempo e esforço, mas não é como se fosse realizar os doze trabalhos de Hércules.

Parando para pensar, o que dizemos quando queremos ajudar alguém, mas não sabemos como? Perguntamos como podemos ajudar. Se começarmos por aí já fará toda a diferença. Se a pessoa falar que quer que a gente pague uma viagem para ela de primeira classe para a Europa, aí diremos que não será possível, independente se a pessoa tem deficiência ou não. Quer dizer, falo por mim nesse caso. Mas se você quiser pagar uma viagem para Europa para alguém, lembre-se que estou à disposição.

Necessidades básicas

O psicólogo americano Abraham H. Maslow organizou em uma pirâmide as necessidades básicas do ser humano para atingir a autorrealização, sendo as necessidades fisiológicas a base da pirâmide. Ele explica que se as necessidades não forem satisfeitas não será possível alcançar as outras. Todos concordam que quando estamos apertados para ir ao banheiro não conseguimos raciocinar nem fazer qualquer outra coisa que não seja nos aliviar.

O trabalho de interpretação exige muito esforço mental, no caso das línguas de sinais, esforço físico também. Então se as necessidades básicas não estiverem satisfeitas, não será possível realizar o trabalho. Parece óbvio, mas não para todos.

Gláucia passou por uma situação bem constrangedora que reflete bem o conceito citado. Houve a recepção dos alunos novatos na escola, então reuniram todos na quadra de esportes para oferecer as boas-vindas e passar orientações sobre o funcionamento da escola e a programação para o semestre. Dentre os alunos novatos estava Sávio, aluno surdo. Como já sabiam da presença dele, acertamos que Gláucia faria a interpretação do evento.

Nesse bendito dia, eu e as outras intérpretes já tínhamos atendido outros alunos em outros horários, restando como intérprete apenas a Gláucia para cobrir o evento. Geralmente o quantitativo de intérpretes é inferior às demandas de tradução e interpretação de uma instituição, assim ela trabalharia sozinha.

O evento era à noite e já estava tudo pronto, mas próximo a hora de início, Gláucia começou a se sentir mal, o lanche da tarde não tinha caído bem e ela passou a sentir fortes contrações na barriga, suor frio e arrepios. Sabendo que se aproximava a hora de interpretar, tomou um chá na esperança de se sentir melhor, mas não deu certo. Foi então que ela recebeu o último aviso, que não pode ser ignorado, e correu para o banheiro.

Enquanto ela se desmanchava lá dentro, recebeu uma mensagem de texto: "Gláucia, cadê você? Já está todo mundo aqui na quadra, só estamos te esperando para começar o evento!". Ela respondeu que não se sentiu bem, estava no banheiro, e chegaria em breve.

Em casos como esse é preciso se certificar bem que o pior já passou antes de deixar a segurança de um banheiro. Após deixá-lo não há garantia que conseguirá voltar em tempo hábil. Então, Gláucia ficou aguardando um pouco para ter certeza de que já podia sair. Mas o pessoal do evento não entendeu bem o recado, pois, de repente, Gláucia ouve batidas na porta do banheiro:

— Gláucia, é você quem está aí? Está todo mundo te esperando e já estão impacientes, querem começar logo o evento e o aluno surdo já chegou!

— Certo! Já estou terminando aqui! É que não estou me sentindo bem!

— Ô mulher, faça uma forcinha aí para adiantar, o evento lá vai ser rápido!

A essa altura do campeonato o que Gláucia menos tinha era força. Mas ela não deixou se abalar, ficou o tempo que foi necessário e quando estava se sentindo segura saiu e foi até a quadra, ao entrar ouviu ao microfone:

— Pronto! Gláucia chegou, agora podemos começar! Estávamos só te esperando!

Espero que não tenham dito o motivo do atraso. O restante do evento ocorreu dentro da normalidade, mas deixou um sentimento de indignação em Gláucia que não hesitou em externá-lo aos envolvidos. Claro que compreenderam e ficou tudo bem? Não, frisaram a necessidade de adiantar a programação pois os alunos já estavam inquietos. É Maslow, ajuda a gente aqui!

Me inclua fora dessa

Por que muitos não gostam de falar sobre inclusão? Quando há eventos quem participa são pessoas da área e uns poucos que demonstram interesse, mas em palestras, oficinas, cursos, não é comum ver pessoas de outros setores. Hoje em dia tem se falado mais em inclusão por grandes empresas, mas percebo mais como uma estratégia de marketing do que interesse social genuíno. Sim, sou pessimista, ou como dizia Ariano Suassuna, "sou um realista esperançoso". Mas admito, preciso melhorar um pouco no quesito esperança.

Meu histórico na promoção de eventos sobre inclusão em instituições de ensino é ruim. Já fui convidada para falar sobre educação inclusiva para professores e, na última hora, me cortaram e disseram que não teria tempo para a minha fala. Pediram para realizar uma oficina sobre inclusão e tive três inscritos! E detalhe: um se inscreveu por engano! Mesmo assim a oficina aconteceu como planejamos, é claro!

Já realizamos cursos de inclusão para profissionais da área de educação em que tivemos quinze inscritos, cinco compareceram e só três concluíram. Será que o problema sou eu? Já me perguntei, mas essa tendência eu percebo em diversas instituições. É possível conseguir mais público se o evento tiver lanche e brindes, acaba não cumprindo ao objetivo do evento, mas dá gosto de ver o auditório lotado!

O problema é que não conseguimos furar a bolha da inclusão, pois quem é da área continua estudando, trocando experiência, compartilhando ideias e tudo isso é produtivo, mas esse conhecimento precisa chegar a outros públicos. Afinal, a inclusão não é responsabilidade dos profissionais da educação especial, é de todos. Parece repetitivo, mas terá que ser até encontrarmos uma maneira de falar sobre isso sem que cause incômodo, porque aparentemente é isso que acontece.

Mas eu tenho uma teoria. As pessoas são resistentes a falar sobre inclusão porque lembra a elas de suas responsabilidades e suas culpas. Nos eventos sobre a temática costuma-se destacar muito o que precisa ser feito, os desafios, e mesmo quando é dito numa perspectiva positiva do que já conseguimos, do que está dando certo, acredito que cria no outro aquele senso de falta, de que deveria estar fazendo algo ou mais, de que não estou dando minha contribuição como deveria. A meu ver, a inclusão expõe o que temos de pior em nós e ninguém gosta de se sentir desconfortável. É como dizem: "rapadura é doce, mas não é mole não!"

A verdade dói, mas tem que ser dita. Se tem uma coisa que aprendi trabalhando com inclusão é que não podemos desistir, então seguiremos falando, insistindo, propondo, divulgando e "gerundiando" o que for necessário para garantir espaços mais inclusivos e acessíveis.

A HORA DO LANCHE É A HORA MAIS FELIZ!

Você sabia que tem intérpretes de Libras que trabalham sozinhos por quase cinco horas seguidas interpretando diversos tipos de componentes curriculares? Pois existe, sim. E não fazem isso porque querem. Entra o professor de Geografia, depois o de Matemática, em seguida Química e o intérprete continua o mesmo, e além da fala do professor, interpreta a fala do aluno surdo e dos alunos ouvintes. Ufa! Cansei só de pensar!

Geralmente o horário do intervalo entre as aulas de um mesmo turno é de quinze minutos em média, que é tempo necessário para beber água, ir ao banheiro e alongar as articulações. A mente não descansa em momento algum, pois quando finalizamos um trabalho o cérebro continua avaliando o trabalho, pensando no que poderia ter feito diferente, que estratégia poderia usar para passar melhor aquele conceito, o que será que haverá na próxima aula.

Acontece que tem momentos que o surdo fica sozinho da hora do intervalo e procura os intérpretes para conversar. Eu, assim como muitos intérpretes que conheço, combinamos com os alunos que durante o intervalo não estaremos com eles porque precisamos descansar, nem que seja um tiquinho de nada. Eles não gostam muito, principalmente quando não há muitos surdos na escola, mas entendem que é necessário. Afinal, chega um momento que o cansaço transparece.

O grupinho que quer saber tudo sobre inclusão sem estudar nada fica inconformado com a nossa atitude. Estávamos na nossa sala fazendo um balanço relâmpago dos acontecidos no primeiro tempo de aulas e entra uma professora angustiada:

— Que bom que encontrei vocês! Bruno está sozinho lá no pátio? Vim avisar, pois imaginei que vocês não sabiam que ele tinha chegado.

— É que está na hora do intervalo — argumentei.

— Mas e se ele precisar comprar algo na cantina ou de alguma informação? E o coitado fica lá sozinho, isolado enquanto os outros estão conversando.

— É que esse é o único momento que temos para descansar um pouco, a gente interpreta todas as aulas, é muito cansativo! — complementei.

— Por isso que a gente incentiva todos a aprenderem Libras, pois num momento como esse teria várias pessoas conversando com ele, assim não teríamos esse tipo de problema — finalizou Gláucia.

Percebendo que as emoções esquentavam, a professora forçou um sorriso e se retirou. Indignadas, expressamos entre nós o que queríamos ter dito para a professora. Entendo que ela agiu por falta de conhecimento e com o pensamento de suprir uma necessidade do aluno, mas ela fez o que a maioria faz: se eximir da responsabilidade. Quando notamos, o horário do intervalo já tinha acabado há muito tempo, e corremos para a sala de aula.

Concurso do melhor intérprete do Brasil

Toda profissão tem competitividade, em certa medida pode ser até saudável, dizem. No caso dos intérpretes de Libras percebo uma disputa sem propósito. Não é uma competição por um cargo, uma vaga de emprego ou oportunidade de trabalho. É uma competição subjetiva para provar quem é o melhor, quem sabe mais, quem é mais "amigo" da comunidade surda. O prêmio? Nenhum, até onde eu sei.

A grande questão é que o trabalho de intérprete de Libras, e deve ser o mesmo para os intérpretes de outras línguas, precisa ser feito em parceria, tanto para adquirir conhecimento, trocar experiência, desenvolver habilidades e fortalecer a profissão. Sem contato com os surdos ou com outros intérpretes, de forma presencial ou virtual, não é possível ampliar vocabulário, adquirir fluência, avaliar seu trabalho e assim por diante.

O que acontece é que em vez de nos ajudarmos, ficamos numa disputa de ego que não leva a nada. Os mais experientes podem e devem ajudar os novatos, pois todos saem ganhando. Quando ensinamos também aprendemos. Mas na prática conheço até pessoas que não querem compartilhar nem o vocabulário com medo do outro acabar sabendo mais do que ele. Eu acredito que, se você não me passar o que sabe posso aprender com outra pessoa, às vezes até mais. Não seria melhor se trocássemos figurinhas?

Já passei por momentos bem difíceis, que contribuíram para aumentar minha mania de perseguição e paranoias. Fui convidada para interpretar uma palestra de uma surda, ou seja, a interpretação seria na versão direta: da Libras para o português. Mas tem alguns detalhes que preciso expor:

1. não recebi o material da palestra com antecedência, então não fazia ideia sobre o que a palestrante iria falar;
2. não tinha intérprete de apoio;
3. como também não tinha convivência com a palestrante não estava habituada ao seu modo de sinalizar, o que faz toda a diferença.

Então, o que aconteceu foi que cometi muitos erros na interpretação, pois tive dificuldade de entender a sua maneira de se expressar. Algumas vezes a palestrante começava a história pelo meio, para só depois explicar o contexto. Inúmeras vezes, até ela finalizar uma sentença, eu não tinha ideia do que ela estava querendo dizer. Assim, minha interpretação foi marcada por momentos de silêncio – por dentro eu estava gritando de desespero e nervosismo – e por equívocos pelos quais tinha que me retratar a todo momento. Por isso não estranhe se o intérprete que "fará a voz" do surdo pedir para conversar um pouco com ele antes da palestra.

Na plateia tinham muitos intérpretes, alguns bem mais experientes que eu, o que contribuiu para meu nervosismo, que já é extremo e pode atingir níveis desesperadores. Fiz o trabalho e admito que cometi muitos erros. Aceitar a tarefa sob essas condições foi o maior deles, mais um apontamento no meu caderninho do vacilo. Refletindo hoje, vejo que a maior parte da minha experiência foi adquirida passando vergonha.

Recebi um mar de críticas negativas vindas dos meus coleguinhas de profissão, mas pelo menos alguns mostraram respeito pela minha pessoa falando pelas minhas costas, outros garantiram que eu tivesse acesso às informações. Como se eu mesma já não tivesse me criticando o suficiente. Não eram críticas construtivas, eram bolas de demolição. Na hora ninguém se dispôs a me ajudar. Se sabiam fazer melhor, poderiam ter pedido para interpretarem no meu lugar, ou revezarem comigo, afinal era um evento com fins sociais e não me pagaram para passar a vergonha que passei, digo, para trabalhar. Mas segui estudando, cometendo erros e procurando melhorar.

Só esclarecendo, não sou contra receber um *feedback,* pois sei que fazem parte do processo de tradução e são necessários, mas tentar derrubar os outros seja com críticas cruéis ou ações maldosas não vai te fazer crescer. Ao contrário, faz cavar a própria cova. Afinal, não fazemos nada sozinhos, até para ser chatos precisamos de alguém para chatear.

007

Na verdade, somos agentes duplos. Estamos entre os professores e entre os alunos sem pertencer totalmente a nenhum dos dois grupos. Assim podemos vislumbrar o que acontece nos dois mundos, sem poder repassar as informações entre eles. Exige muito treinamento, habilidade de mediação e controle emocional, pois com o tempo ambos esquecem que estamos nos dois lados mesmo que não completamente.

No entanto, nosso trabalho como agente duplo pode ser benéfico, pois podemos fazer a voz dos alunos chegar até os professores, e também ajudar os alunos a entenderem o trabalho do professor, evitando muitos conflitos. É comum os alunos pedirem para que eu, enquanto intérprete, solicite ao professor que estenda o prazo de alguma atividade. Na visão deles, se um aluno faz esse tipo de pedido o professor encara como falta de responsabilidade ou que o aluno está querendo se aproveitar da bondade do professor, mas se o pedido vem do intérprete pode ser visto como a solicitação de um profissional para outro, tendo maiores chances de serem atendidos.

Também já aconteceu de alunos quererem fazer abaixo assinado para prejudicar algum professor e o intérprete raciocinar com eles uma melhor solução para o problema. Durante as nossas missões sempre acontece de um ou outro lembrar da possibilidade de vazarmos informações. Mas é como falei no início, nosso treinamento nos capacita a agir sem levantar suspeitas. Não somos ingênuos, sabemos que existe um grupo de WhatsApp só dos alunos e outro só dos professores dos quais nunca poderemos participar, pois eles também não são tão inocentes assim. O fato é que é muito interessante poder observar um mesmo acontecimento sob duas perspectivas totalmente diferentes.

Quando sugerimos algo é baseado na nossa experiência nos dois mundos. Penso que a forma como somos vistos por eles deva ser bem confusa. Uma professora confessou para nós:

— Assim que comecei a trabalhar com vocês fiquei bem desconfortável, parecia que tinha alguém vigiando o meu trabalho, mas com o tempo fui entendendo como funcionava e fiquei mais à vontade e tranquila. Hoje percebo que vocês me ajudam muito, não sei como poderia ensinar aos surdos sem o apoio de vocês.

Lindo, não é? Mas um professor já me questionou:

— Você vai ficar em qual grupo?

— Então professor, eu sou a intérprete, não participarei do trabalho como os alunos farão. Vou mediar a comunicação entre eles.

— Ah, é! Você fica no mesmo grupo que o surdo!

— Então, ficarei não como aluna, mas como intérprete.

— Isso, isso! É que às vezes eu esqueço que você não é aluna! É que você está sempre com eles!

Já ouvi de um aluno:

— Esse professor não dá aula, fica só enrolando. Depois fica com raiva quando a gente diz que não entendeu nada!

— Cala a boca, seu louco! Juliana está aqui no grupo!

— Oxe! De boa! Juliana não vai falar nada não, não é Juliana?

E de fato, não faço esse tipo de leva e traz. No entanto, sei que posso ser uma ferramenta útil para a paz e união no relacionamento aluno-professor, apagando um incêndio aqui, dando uma motivada ali e restaurando a harmonia do universo acadêmico. Não precisa ficar paranoico, nem sempre estamos em missão, ou pode ser que sim.

Quem é vivo sempre aparece!

Mesmo trabalhando há alguns anos na mesma instituição, criei como padrão de trabalho juntar provas a meu favor, pois sei que na primeira oportunidade a culpa por um acontecimento qualquer pode cair sobre mim. A experiência me ensinou isso. Além de todas as desventuras que envolvem minha profissão que me fazem ter alguns cuidados hoje em dia, me certificar de garantias da minha inocência se tornou um vício.

Já aconteceu de uma aluna surda faltar repetidas vezes – ela teve problemas de saúde, mas não apresentou atestado médico nem comunicou a ninguém a razão de sua ausência –, e o professor ir reportar à direção que eu estava faltando muito, prejudicando a aluna surda que deixou de ir por não haver intérprete.

Parece loucura? Mas é verdade! Em momento algum procuraram saber o motivo das faltas da aluna, apenas supuseram. Depois que isso aconteceu passei a ir até a sala de aula para ficar por alguns minutos e só então me retirar, mesmo que eu já saiba que o aluno não irá, para que tenha testemunhas da minha presença e para que saibam que o aluno pode ter faltado por milhares de motivos, mas não por minha causa. Quando o aluno surdo avisa aos colegas de sala ou até mesmo ao professor que faltará, assim que coloco o meu pé na sala de aula eles já me avisam e o professor me libera de qualquer acusação.

Mensagens de texto também são ótimas ferramentas de proteção! Uma vez Diego me enviou mensagem pedindo para eu responder uma atividade, eu disse que ele, como aluno, precisava fazer e qualquer dúvida ele poderia perguntar ao professor ou ir até a escola para que eu traduzisse as questões. Mais tarde ele tentou me acusar, informando ao professor que não fez a atividade porque não tinha ninguém para interpretar. Desmenti mostrando toda a conversa!

Durante a loucura que foram as aulas remotas vi uma amiga intérprete ser acusada de não atender o aluno, e só conseguiu sair dessa porque ela mesma gravava sua interpretação. A intenção inicial nem era ter provas, mas sim disponibilizar a gravação para que o aluno pudesse assistir em qualquer horário, pois as aulas eram gravadas para dar essa possibilidade aos alunos ouvintes. O problema é que o sistema que usávamos só gravava o professor e a tela que era compartilhada, então nós realizávamos uma segunda gravação, para que a janela do intérprete fosse salva e assim disponibilizávamos aos alunos surdos. Foi a salvação.

É como andar num campo minado, a qualquer momento estoura algo contra você, então é importante conhecer o território, as pessoas com quem trabalhamos e ter o que for possível documentado. É melhor pecar pelo excesso do que pela falta.

Quem tem limite é município

Como seres humanos temos energia limitada, não importa que atividade exerçamos. Existem estudos que apontam o desgaste físico e mental sofrido pelos intérpretes de Libras em pouco tempo de trabalho, sendo necessário revezamento e pausas para descanso. No entanto, no imaginário popular, quem trabalha com inclusão é incansável.

Em especial, o intérprete educacional leva sua mente à exaustão. Temos que lidar com os elementos surpresas (o que vamos interpretar, quais dúvidas surgirão, qual a melhor forma de fazer), passamos pelo estresse do ato interpretativo (a mente trabalhando a mil ouvindo e traduzindo ou vendo e traduzindo) e após finalizar (poderia ter feito diferente, será que já tem sinal para aquele termo, será que da forma que interpretei ficou claro?).

Eu tinha acabado de começar num emprego novo, também tinha pouca experiência, então solicitaram que eu interpretasse um seminário de um curso superior. O evento durava dois dias e aconteceriam atividades nos dois turnos. Outros intérpretes estavam de férias, restando apenas eu, que inocentemente aceitei.

Como de costume, não me adiantaram nada sobre as palestras e foi tudo feito no improviso, o que torna o processo ainda mais cansativo e desgastante. No final do primeiro dia eu já pensava no que fazer para não estar presente no dia seguinte, mas sem sucesso. Ao final do evento eu estava tão cansada que sentia até um pouco de tontura e assim que foi possível fui para casa.

Uma vez que a mente é estimulada, fica difícil desacelerá-la. Então para conseguir dormir eu tento algumas estratégias: leio algo que me deixe tranquila, assisto um filme clichê que eu não tenha que pensar para entender, escuto alguma música mais relaxante e por aí vai. Nem sempre dá certo, pois ainda fico pensando no trabalho que realizei e como poderia ter feito melhor, e é justamente nessa hora que os sinais que desapareceram quando eu mais precisava surgem todos de uma só vez!

Recentemente li algumas publicações sobre atenção plena, ou *mindfulness*, como ferramenta antiestresse. Desde então tenho tentado usar, principalmente quando não consigo dormir. A técnica mais simples que uso é pensar e sentir cada parte do meu corpo, do dedo do pé até a cabeça, um por um. É comum que a mente vagueie no início, mas então voltamos a concentração e continuamos todo o processo enquanto for necessário.

Após fazer umas respirações diafragmáticas, começo com os dedos dos pés, calcanhar e de repente surge "como eu traduziria a expressão 'vale a pena!'?". Então tenho que recomeçar, e quando estou lá pelo joelho penso "até agora não entendi aquela datilologia... o que será que o surdo quis dizer?". E lá vou eu começar tudo outra vez! Isso se repete inúmeras vezes até que, enfim, eu consiga dormir. A possibilidade de sonhar interpretando não está descartada.

Por mais que tentemos explicar o que envolve traduzir e interpretar, muitos ainda continuam nos vendo apenas como aqueles que mexem as mãozinhas. Mas não podemos desistir. Persistimos em ser repetitivos, argumentando e implorando pelo acesso antecipado ao material, pelo trabalho em dupla, pelo tempo para descansar e tantos outros pontos necessários para que o nosso trabalho possa ser feito da maneira correta e consiga levar, de fato, acessibilidade para os surdos. Muita coisa já melhorou, então sigamos em frente!

A CADA SEMESTRE UMA EMOÇÃO

Geralmente as pessoas esperam o final de um ano e início de outro para fazer resoluções, planejamentos e se embriagar de expectativas. No caso de alguns intérpretes, dependendo de onde trabalhem, o período entre o fim e o início de um semestre é o momento ideal para isso. Seria um momento de alegria poder receber mais alunos surdos numa instituição, mas a alegria pode facilmente se transformar em angústia.

No cenário ideal, as escolas públicas teriam uma quantidade de profissionais sempre compatível com a demanda de alunos, assim poderíamos nos concentrar apenas nos próprios desafios do processo ensino-aprendizagem, que não são poucos. No entanto, o que é comum acontecer é, por ter uma verba limitada, esperar para ver se terá algum aluno surdo para só então tentar conseguir os profissionais. A verba e a vaga, que seria usada para contratar um intérprete, frequentemente é direcionada para as outras inúmeras demandas uma vez que corre o risco de não ter aluno para atender. Dessa forma, quando o aluno surdo chega, o atendimento adequado de que precisa é tragado pela burocracia, o ano letivo vai passando e o intérprete chegará, sabe Deus quando.

Mas por que essa não será apenas uma angústia para os surdos? O intérprete que já estiver na instituição será pressionado, influenciado, chantageado, perseguido e coagido a atender a todos os alunos surdos, não importando quantos, até que a situação se regularize. Se vai extrapolar o horário, atuar em cursos e modalidades diferentes, sem tempo para estudo ou para descanso? Não importa. A "inclusão" vem em primeiro lugar.

Assim, fica quase impossível que o intérprete de Libras se alegre com a perspectiva da chegada de novos alunos surdos numa instituição educacional, pois para que o direito dos surdos seja respeitado, os direitos do intérprete serão atropelados. Então o profissional será malvisto, caso não ceda às investidas do corpo gestor e se recuse a suprir toda a demanda, e os alunos surdos e familiares também culparão o intérprete por não "querer" atender.

Assim podemos perceber qual a maior barreira para a inclusão: financeira.

INTERPRETAR A AULA, SIM; TRADUZIR A PROVA, NÃO

Deve ser bem estranho para quem já ministra aulas há algum tempo ter que se deparar com mais uma pessoa na sala de aula: o intérprete de Libras, aquele que interpreta, mas não só interpreta, que ensina, mas não é o responsável pelo ensino. É confuso, eu sei, para todos. Segundo o psicólogo Jeremy Dean, autor do livro *Making Habits, Breaking Habits: Why We Do Things, Why We Don't, and How to Make Any Change Stick*, informou no artigo da *Revista Galileu*, que uma pessoa leva em média 66 dias para adquirir um novo hábito, assim o intérprete já pode ter uma base de quanto de sua inteligência emocional irá gastar até que se estabeleça um bom relacionamento com o professor regente.

Nesse meio tempo, muitas cenas emocionantes serão protagonizadas pelo intérprete. Trabalhei com um professor que já tinha uma fama de ser muito complicado, e expectativas foram criadas. Ao chegar na sala, no primeiro dia de aula, fui até ele e me apresentei explicando o que envolvia meu trabalho. Tudo parecia seguir seu rumo tranquilamente, ao contrário do que eu esperava, até que chegou o dia da prova.

Cheguei antes da aula iniciar e conversava com a aluna surda sobre os assuntos da prova, uma espécie de revisão. O professor chegou, cumprimentou a todos, reorganizou os alunos separando as cadeiras o máximo possível e entregou as provas viradas para baixo. Aguardou todos se organizarem, pegando o material necessário e anunciou:

— Podem desvirar!

Quando ele ia se sentando notou minha presença.

— Juliana, você não precisa ficar na sala! — A cena de faroeste que se iniciava atraiu a atenção de todos.

— É que eu preciso traduzir a prova para ela!

— Não! A prova ela precisa fazer sozinha!

— Mas ela não sabe ler português, então eu tenho que traduzir as questões para Libras para que ela possa responder. Do jeito que está ela não entende nada.

— Não! Isso eu não posso permitir! Como vou saber se a resposta na prova é sua ou dela?

— Então professor, eu sou profissional e assim como toda a comunidade acadêmica confia no seu trabalho, o senhor também precisa confiar no meu.

O sangue começou a ferver e a mistura de indignação e constrangimento se converteu em suor.

— Mas eu nem te conheço!

— Então, assim como confiamos que o senhor não irá dar as respostas para os alunos, o senhor pode confiar que não também não o farei.

— Que absurdo! É claro que não vou dar a resposta! Eu sou o professor!

— Mas se o senhor quisesse, daria, afinal a sala não é monitorada, então é uma questão de confiança.

— Eu sou um profissional respeitado, eu trabalho com ética!

— Eu também!

— Não, ela não vai fazer a prova com você ajudando não!

— Professor, não é o senhor quem escolhe! Ela está amparada por lei, é direito dela. Se o senhor não permitir que eu faça a tradução ela pode denunciar o senhor...

Os alunos percebendo o caldo engrossar, ou talvez por ver o tempo que poderiam estar usando para responder a prova se esvaindo, decidiram intervir:

— É professor, é assim mesmo. Ele interpreta as provas, a dos outros professores ela interpretou tudo!

— Olhe, façam aí, mas vou verificar depois essa informação com a direção — falou entortando a cara com seu deboche ligado no máximo.

A prova foi feita, satisfações foram tiradas com a direção e o orgulho dele teve que ser engolido. Houve retratação? Não. Pedido de desculpas? Nem pensar! Nesse caso, foram necessários bem mais que 66 dias para desfazer o mal-estar e o clima tenso durante as aulas.

Janela de Libras

Sabe quando você assiste um vídeo e, geralmente, no canto inferior direito tem um quadrado com uma pessoa sinalizando? Essa é a Janela de Libras. Com esse recurso os surdos podem assistir à produção visual e ter o áudio traduzido para sua língua: a Libras. Uma ideia maravilhosa que provê acessibilidade e inclusão, uma ferramenta simples que não gera controvérsia, certo? Errado!

Se você é cinéfilo como eu, quando assiste uma produção audiovisual deseja captar tudo, cada pedacinho da tela precisa estar ao alcance da minha visão. Pelo menos era assim que eu pensava até trabalhar com língua de sinais. Na realidade, nem que tenhamos toda a imagem da tela disponível não conseguiremos focar em todos os detalhes dela o tempo todo, sempre algo é perdido e não é por isso que deixamos de entender o que está sendo exibido. Acredito que este mesmo drama persegue quem é responsável por editar um vídeo para inserir uma janela de Libras, mas não é da área de inclusão. Esse profissional deve ficar sem saber onde colocar a janela de Libras, de modo que não oculte alguma parte da imagem original, pois não deve querer que nenhuma imagem e informação visual se perca. Mas "vamos pensar um pouco", já dizia o Telecurso 2000. A janela de Libras é necessária quando parte da informação estará contida no áudio, para que a audiência tire o máximo de proveito o canal visual e o auditivo precisarão ser atendidos.

No caso dos surdos, só terão o canal visual para receber todas as informações, então para que ele consiga extraí-las com precisão, tanto as imagens quanto a janela de Libras, precisam estar com um tamanho humanamente visível. Mas não é o que acontece! Lembrando que na Libras cada detalhe, movimento, os dedos que são usados na composição do sinal, expressão corporal e facial são importantíssimos. Se a janela de Libras estiver minúscula equivale a ter uma legenda com letras bem pequenas, como as cláusulas obscuras de um contrato ou de uma propaganda enganosa. Ninguém consegue ver e muito menos entender.

Mais do que a obrigação de seguir regras, ou se adequar a um novo padrão — aproveito para informar que existe uma recomendação da ABNT para as dimensões da janela de Libras — esse deve ser um exercício de empatia. O objetivo é incluir, levar a informação para todos os públicos. Será que a imagem que está naquele canto do vídeo realmente não pode ser coberta pela imagem do intérprete de Libras? Qual informação será perdida se isso acontecer? Apenas um grupo, ouvintes ou surdos, precisam ser contemplados com o conforto visual? Não poderíamos buscar a equidade?

Vivendo de amor

É inegável a importância do trabalho voluntário. Através dele muitas pessoas têm acesso a serviços e ajuda que de outra forma não seria possível. O voluntariado tem seu espaço e deve ser incentivado. Eu faço trabalho voluntário e me sinto muito feliz em realizá-lo. Sentir a gratidão das pessoas recarrega minhas baterias.

O que não quer dizer que uma profissão deva ser exclusivamente exercida por voluntários. Afinal de contas, todos têm boletos para pagar, não é mesmo? E é uma pena a operadora de cartão de crédito não aceitar amor como forma de pagamento! Também acredito que o voluntariado não deve substituir ou suplantar a responsabilidade de outros, que deveriam exercer suas funções e cumprir com as legislações.

Recentemente, vi nas redes sociais uma postagem em forma de desabafo de uma pessoa que se achou traída, pois o intérprete não quis mediar um atendimento médico de graça. Entre os argumentos citados, falou que os surdos deram a Libras para os ouvintes e agora estes querem cobrar por ela, que faltou sensibilidade, que era uma pessoa ruim, o surdo não tinha condições de pagar por um intérprete, mas precisava muito da consulta. Enfim, o intérprete foi julgado e condenado.

Te convido a chegar mais perto e analisar a situação por outro ângulo: o médico não atendeu de graça, o táxi não o levou de graça, a farmácia não cedeu os medicamentos, o hospital não tinha acessibilidade pois não disponibilizou um profissional intérprete de Libras para mediar o atendimento, nem tinha em seu vasto quadro de funcionários — recepcionista, enfermeiros, seguranças e assim por diante — alguém que soubesse Libras, mas toda a culpa e título de mercenário foi único e exclusivamente para o intérprete? Algo errado não está certo!

Cadê a indignação com a família que não tinha ninguém que soubesse se comunicar em língua de sinais, a língua do seu parente? Cadê a indignação com a instituição de saúde? Com a falta de acessibilidade e responsabilidade social das empresas? Quem de fato é responsável pela garantia de acesso à saúde, educação, segurança e outras necessidades básicas da sociedade, independentemente de sua condição de existência? Mas como dizia minha avó: "a corda só quebra do lado mais fraco!"

Antes de darmos um veredito, antes de darmos a sentença, vamos lembrar que aqui não cabem generalizações, cada caso precisa ser analisado individualmente levando em conta as circunstâncias e o contexto. Antes de jogar a pedra, não é melhor escolher o alvo com cautela? O juiz de hoje pode ser o réu de amanhã.

Olha a promoção!

Existem várias leis tácitas que regem o mercado, como por exemplo, a lei da oferta e da procura. Saber como funciona nos ajuda a tomar decisões. O trabalho do intérprete é complexo e cansativo, mental e fisicamente. Em alguns contextos se não for bem feito traz até riscos para quem contrata e para quem presta o serviço, com direito a processo e tudo o mais.

Quem está começando precisa de experiência, se tornar conhecido, e assim cai num dilema: deve cobrar barato porque está iniciando ou deve cobrar o valor médio do mercado para ser valorizado? Preço e valor não são sinônimos. Uma coisa é certa: a pior maneira de ganhar experiência é baixar o preço do serviço e conseguir atuar em locais em que você ainda não está preparado. O resultado é só desvalorização e em muitos casos, vergonha.

Aconteceu aqui onde moro. Foram anunciar um curso de Libras no jornal local, a professora de Libras se prontificou a atuar como intérprete da entrevista sobre o curso, gratuitamente. E já que seria ministrado por ela, seria uma maneira de divulgar seu trabalho, ela pensou. Fazendo um adendo: ensinar uma língua e traduzir/interpretar uma língua são coisas diferentes, precisam de estudos específicos em cada área. Dito isso, ela foi lá e interpretou a entrevista que era falada em língua portuguesa e ela passou para a Libras.

O resultado foi que a comunidade surda se revoltou, pois o desempenho dela não foi satisfatório. Houve nota de repúdio, repercussão nacional, cancelamento do curso de Libras e pedido de desculpas à comunidade surda pela instituição que sediaria o curso. Traduzindo para o bom português: pagou um mico total! É aquela velha história de quando o barato sai caro. Casos como esse se repetem Brasil afora. A instituição argumentou que a professora de Libras apresentou os certificados de graduação e especialização em Libras, assim eles não tinham como imaginar que ela não dominava a língua. De fato, vemos muitos profissionais diplomados que não sabem o que estão fazendo.

Então, aí vai um conselho, na verdade esse conselho é bem antigo: "quando a esmola é demais, o santo desconfia". Sim, se o valor cobrado destoa muito do mercado, se parece ser vantajoso demais, desconfie. Procure referências, indicações. E você que está começando, estude, pratique, busque orientações de profissionais mais experientes e acima de tudo: vá com calma!

Basicamente: intérprete

— Oi, tudo bem? Você é intérprete?

— Sim! — Sorriso de orgulho.

— Há quanto tempo você trabalha na área?

— Eu fiz o curso básico numa escola perto de casa, terminei não tem nem um mês...

Situações como essa não acontecem com outras línguas. Não conheço ninguém que sabe o verbo *to be* da língua inglesa e se autointitula intérprete. No entanto, acontece com muita frequência com a Libras. Deve ser porque ainda não entenderam que Libras é uma língua. Vou te provar minha teoria: num curso básico de Libras eu perguntei aos alunos:

— Libras é uma língua ou uma linguagem? — Sempre faço essa pergunta, as respostas são sempre divididas.

— O que significa a sigla "LIBRAS"? — escrevi no quadro: Língua Brasileira de Sinais, sublinhei a palavra "Língua" — Então, Libras é uma língua ou uma linguagem? — As respostas continuaram divididas.

Mesmo sem entender o significado exato de cada termo, uma coisa é certa: todos acreditam que o conceito de língua é superior ao de linguagem, e que as línguas de sinais são sim um meio de comunicação, mas não chegam a ser uma língua, complexa, elaborada, sofisticada. Assim, saber o básico é saber tudo. E uma vez que conversar com os surdos é algo visto como virtuoso, todos querem ser admirados pela capacidade de se comunicar com eles.

Estabelecido que você é uma pessoa maravilhosa, bondosa e inteligente, você não vai querer perder seu título tão rapidamente. Quando te chamarem para interpretar, você vai aceitar, mesmo que não faça ideia do que está fazendo. Afinal, é melhor do nada! Será?

Vamos pensar que tendo o curso básico de Libras te pedem para interpretar uma consulta médica. Lá o médico vai precisar saber um pouco do histórico do paciente surdo, sintomas, se faz uso de alguma medicação, algum problema de saúde pré-existente, alergias. Eu sou alérgica a Dipirona, se eu estiver na Coréia do Sul — um sonho — e não souber dizer Dipirona e alergia em coreano, nem souber ler a receita ou o rótulo devidamente, corro um sério risco de morte. Se meu intérprete de coreano não sabe o que significa Dipirona e alergia na língua portuguesa, como ele vai alertar ao médico que não posso receber tal medicação?

No curso básico de Libras, geralmente são ensinados alfabeto, números, cumprimentos, cores, meses do ano, dias da semana e animais. Será que com esse vocabulário posso interpretar uma aula de Cinemática? Ou uma audiência num tribunal de justiça? Ou quem sabe um atendimento numa delegacia? Acredito que com esse vocabulário não dá nem para pedir um sanduíche no McDonald's sem se estressar!

Pronto! Abaixo os cursos básicos de Libras! Não, calma! Só precisa entender que para ser intérprete de Libras tem que estudar bem mais. Estudar pra caramba! Ter contato com a comunidade surda e praticar. Praticar muito, mas muito mesmo. E se você ainda não sabe o que é a comunidade surda, você definitivamente não pode ser intérprete!

Música na palma da mão

Não é de hoje que gostamos de uma tradução de música, não é? Nas décadas de 70 e 80, houve um estouro de músicas internacionais com versões na língua portuguesa aqui no Brasil. Até hoje tem, mas acho que naquela época tinha uma frequência maior. A música também é um recurso muito usado no ensino de uma segunda língua, ajuda a memorizar termos e expressões, além de ser uma forma divertida de aprender.

A música mexe com nossas emoções, traz lembranças e sentimentos à tona, pode nos fazer sentir prazer, tristeza e até raiva. Então a tradução de músicas para a Libras costuma ser muito bem recebida, mas acredito que pela razão errada. Faço especulações de que o sucesso vem do fato de que uma música em Libras se assemelha a uma coreografia, afinal as pessoas costumam ver a tradução com a música em português tocando ao fundo.

Outro detalhe que observo é que muitas pessoas que expressam sua admiração pela tradução da música não sabem Libras, então como ela poderia de fato dizer que ficou "lindo", "perfeito", "emocionante", entre outros comentários empolgados deixados nas redes? Vou logo deixando claro que não sou contra traduções de músicas, muito pelo contrário, acho importantíssimas. O problema está na maneira como é feita e o que acabam, de forma indireta, ensinando sobre a língua.

Para saber se a tradução ficou realmente boa, procuro assistir com o áudio desligado, assim posso realmente saber se entendi o sentido do que foi falado, se foi poético e se emocionou mesmo, sem a interferência do que meus ouvidos estão captando e transformando em sensações. Algumas não me emocionam, não pelo fato de serem traduções ruins, mas simplesmente porque alguns aspectos culturais expressos pertencem aos surdos, estão relacionados à maneira como eles percebem o mundo que é diferente da minha.

Mas se ao assistir sem o áudio, muitas vezes não encontro sentido e não consigo nem assistir até o fim. E se sei a qual música se refere, inevitavelmente relaciono o que vi com o que ouvi e a partir disso posso perceber que os sinais foram jogados em sequência para imitar a língua portuguesa, parecendo mais uma coreografia do que uma versão da música em outra língua. Quando isso acontece, fico muito chateada.

Fico chateada porque ensina às pessoas que estão começando a aprender como falar de forma incompreensível. Porque assim as particularidades da língua não foram respeitadas, não foi feita pensando no entendimento dos surdos, em passar a emoção para eles, mas sim para agradar aos ouvintes, mas para isso a música original já existe.

Aí talvez alguém questione: "Mas teve surdo que gostou! Você quer saber mais do que eles?". Saiba que nem todos os surdos são fluentes em língua de sinais. E vou mais além, ele disse que gostou, mas pergunta se ele entendeu?

Analogamente falando, tem uma música que as pessoas gostam muito na versão original em inglês, e costumam tocar em casamentos com frequência, ela se chama *I'm Not the Only One*, e é cantada pelo Sam Smith. Será que se soubessem que fala sobre o sofrimento de saber que está sendo traído pelo amor da sua vida, que continua a mentir e passa a mostrar-se indiferente, tocariam em casamentos? Pouco provável.

Sei, sei, o problema é que a letra está em outro idioma, então as pessoas vão pela melodia. Mas o que dizer da música *Como eu quero* da banda Kid Abelha? A maioria pensa que se trata de uma música romântica, no entanto, olhando mais de perto, podemos perceber que ela retrata um relacionamento abusivo. Viu que mesmo sabendo o idioma não significa que a pessoa captou a mensagem?

É por isso que tradução e interpretação de música é algo complexo. Não é todo profissional que sabe fazer bem, pois precisa de estudo específico. Quer traduzir músicas? Estude. Quer apreciar músicas? Estude.

"Com que roupa eu vou?"

Já percebeu que as pessoas amam criar regras, mas odeiam segui-las? A regra que é mais opressiva é a de que o intérprete só pode usar roupa preta. Se tiver cabelo longo tem que fazer um coque. Tem que estar sem adereços ou unha pintada, e se brincar, nem unha grande é permitido. Zero maquiagem também, tudo para não tirar a atenção do que é realmente importante: os sinais. Antes de falar o que penso, já deixo um questionamento: quando os surdos estão conversando, como eles estão vestidos? Eles só usam roupa preta, sem adereços, cabelo e maquiagem neutros? Se não, como eles conseguem se entender?

Sou sincera em admitir que minha cor preferida para trabalhar é, sim, o preto, mas por uma razão lógica: o contraste que faz com o tom da minha pele. Exatamente, o intérprete faz a escolha da cor da roupa levando em consideração o tom da pele para criar um bom contraste. O local onde acontecerá a interpretação também deve ser considerado, pois se vou realizar em frente a um fundo preto, então é melhor escolher uma cor que cause contraste com o fundo e com a pele, é preciso encontrar um equilíbrio. Caso contrário, vai parecer um show de mímica, o que não é o objetivo, a menos que o trabalho seja artístico e o intuito seja usar o estilo Visual Vernacular.

No quesito adereços, depende do contexto. Acho que a expressão mais usada por quem trabalha com tradução e interpretação é "depende do contexto". Mas é porque o contexto berra sobre as decisões que precisamos tomar para uma atuação adequada. Por exemplo, na gravação de vídeos, não recomendo o uso de adereços muito chamativos justamente porque, para quem está assistindo a um vídeo, que pode acontecer em diversos ambientes, é preferível que não contenha itens que distraiam os espectadores. Também o uso de roupas com estampas, até mesmo listras podem causar interferência na qualidade visual. Em algumas filmagens, dependendo do equipamento usado, as listras da roupa ficam dançando durante toda a apresentação causando grande desconforto e distração.

Já numa interpretação presencial, fica a gosto e estilo de ser de cada profissional. Um dia interpretei usando um crachá e alguns sinais que eu realizava batia nele ou prendia a mão, atrapalhou-me muito, assim aprendi a lição sobre uso de colares grandes. No entanto, há quem saiba lidar bem com seus adereços. Outro ponto que precisa ser levado em consideração é o grau de formalidade do ambiente, assim devemos nos vestir de acordo. Como regra geral, tenho sempre em mente que a intenção não é trazer atenção para mim, mas sim para o conteúdo.

Quanto à maquiagem e cabelo, de fato, depende do contexto e do estilo do profissional. Lembrando que nesse sentido menos é sempre mais. Mas cabelo preso ou solto é questão de gosto pessoal, pois o intérprete precisa estar confortável ou perderá a concentração gerando prejuízo na entrega. Um exemplo é aquela franja que fica o tempo todo caindo nos olhos e o intérprete precisa ficar ajeitando com a mão ou movimentando a cabeça para o lado parecendo um tique nervoso. Isso distrai quem trabalha e quem assiste.

Então, aqui ficam duas lições importantes: as regras que existem já são suficientes e analise o contexto sempre. Em caso de dúvida, entre em contato com a central de atendimento ao intérprete de Libras. Brincadeira, a central ainda não existe, mas fica a dica. Por enquanto, podemos consultar os surdos e profissionais mais experientes, ou ainda um consultor de moda.

Pagando bem, que mal tem?

A luta pela inclusão é incessante, avançamos bastante e percebo mais pessoas falando e defendendo o tema, algumas ainda um pouco equivocadas, mas como dizia minha avó: "devagar se vai ao longe". No entanto, meu lado paranoico, que é muito forte, começou a perceber o uso da inclusão como forma de promoção, como estratégia de marketing. Qual o problema? A inclusão é distorcida e acaba não acontecendo de fato. Quando se pratica inclusão visando apenas retorno financeiro a tendência é o desserviço. Não serei hipócrita em dizer que, através da inclusão, não se alcança resultados financeiros, ou que não se almeja isso. Afinal, as pessoas com deficiência que trabalham querem e merecem receber seu salário e reconhecimento, assim como outros profissionais da área de inclusão e acessibilidade o fazem. Todos têm contas para pagar.

Mas o que observo e que considero distorção é fazer por fazer, para parecer inclusivo, atrair seguidores, compradores. Enfim, público, e por conseguinte, lucro. Na minha humilde opinião, a inclusão e a acessibilidades são direitos inerentes aos seres humanos. Chamar atenção para elas não deve ser feito unicamente por obrigação ou por interesse, deve ser feito porque é o que tem que ser feito. O que não quer dizer que as empresas não possam focar nesse nicho. Podem ser desenvolvidos produtos específicos para pessoas com deficiência? Pode. Posso elaborar uma estratégia de marketing direcionada a eles? Pode. Posso anunciar que sou uma empresa que preza pela inclusão e acessibilidade? Pode. Posso fingir que sou inclusivo para lucrar? Aí, não. Posso fingir que sou inclusivo para não ter que incluir de verdade? De jeito nenhum.

O que eu quero dizer com fingir é: não pesquisar antes de realizar a ação; não perguntar a opinião das pessoas com deficiência sobre como elas mesmas se sentem e quais suas necessidades; trabalhar com achismos; falar o que as pessoas sem deficiência querem ouvir; contratar profissionais desqualificados para prestar serviço às pessoas com deficiência, como intérpretes de Libras que só sabem o básico, mas cobram mais barato; realizar anúncios com recursos de acessibilidade sem tê-los de verdade nas práticas da organização; querer que os profissionais da área de inclusão e acessibilidade trabalhem de graça porque eles são os responsáveis pela inclusão, enquanto a empresa lucra com as ações... Segue o baile que a lista é grande.

Quando alguém finge que é inclusivo, deixa de fazer a inclusão de verdade. A empresa coloca um comercial com interpretação em Libras, mas quando o surdo vai à loja ninguém consegue atendê-lo porque os funcionários não foram instruídos. Contrato um intérprete de Libras ou treino algum funcionário, mas o horário de atendimento ao surdo é restrito e diferente do que é ofertado aos ouvintes. Contrato um funcionário surdo, mas ignoro suas habilidades e o coloco para realizar trabalhos simples, não invisto nele nem na comunicação com ele, como aconteceria com os funcionários ouvintes. Disponibilizo alguns recursos de acessibilidade, mas não aceito reclamações e sugestões dos usuários. Aceito a matrícula de um aluno surdo, mas não disponibilizo os recursos necessários para o aprendizado efetivo.

Percebe como a inclusão pode ser excludente se não for feita pelas razões corretas e com o conhecimento necessário?

"INCLUSÃO" PARA NÃO OUVIR RECLAMAÇÃO

Já falei que inclusão é um direito e não um favor? Se não, aqui vai: *inclusão é um direito, não um favor!* Por isso, as pessoas com deficiência não devem aceitar qualquer coisa, nem se conformar porque o que oferecem é melhor do que nada. Fizeram uma rampa, fica a um quilômetro de distância do ponto de ônibus? Fica! Tem uma inclinação que mais se assemelha a um tobogã? Tem! "Mas é melhor do que nada". Será? Se não tivesse nada, poderiam aceitar fazer do jeito certo, agora que já tem, acho mais difícil aceitarem refazer. São muitos absurdos que já vi acontecer nesse sentido, porém irei focar apenas na surdez, pois é onde tenho mais propriedade e experiência para falar.

Convidaram-me para interpretar uma palestra sobre um tema que eu não conhecia bem, mas como sou funcionária da instituição não tinha muita escolha. No entanto, informei aos organizadores da necessidade de me repassarem o conteúdo da palestra, que era muito complexo (e mesmo que fosse simples, não faço adivinhação), para que eu pudesse estudá-lo. O tempo foi passando e o dia do evento se aproximando, então fui lembrar aos organizadores sobre a necessidade de acesso ao conteúdo, ao que fui indagada:

— É necessário mesmo ter esse material?

— É, sim, professora, pois é um tema que não domino, então preciso pesquisar os termos e elaborar minha estratégia de tradução.

— Mas o tema nem é tão difícil — era da área de atuação dela —, é que a gente convida o palestrante que vem de graça, aí fico com vergonha de cobrar. Quando vocês pedem o material já aconteceu de algum palestrante fornecer?

— Já sim, professora. Mas continue tentando, por favor, lembre ao palestrante que são os intérpretes de Libras que estão solicitando para que possam interpretar a palestra da melhor forma possível, e que fique claro para o público surdo.

— Mas não se preocupe, pode fazer do seu jeito. O problema é que se não tiver intérprete, os surdos podem reclamar e tal, aí dá a maior confusão! E você sabe que o pessoal agora está de olho nessa questão de inclusão, aí ficam no pé!

Eu entendi que ela quis dizer que eu fizesse de qualquer jeito, contanto que eu mexesse as mãozinhas, assim ninguém iria reclamar da falta de acessibilidade para os surdos. Mas fazer uma interpretação de qualquer jeito é acessibilidade? Como eu seria obrigada a interpretar fui fazer meu dever de casa: pesquisei sobre o tema e os termos mais comum, elaborei minha estratégia de tradução, assisti uma palestra que estava disponível on-line. Não era o mesmo tema, mas ao menos teria uma ideia de como a pessoa era e como se comunicava.

O grande dia chegou e fui direto para o abate. Isso mesmo, quando não temos segurança do conteúdo, o trabalho se torna triplamente cansativo físico e mentalmente. Minha pesquisa ajudou, mas não dá para se comparar caso eu tivesse recebido o material exato. Atrapalhei-me muito, estressei-me e esgotei-me, deve ter saído fumaça do meu juízo.

Infelizmente, vejo isso acontecer com mais frequência do que deveria. Mais uma vez a inclusão e a acessibilidade não é vista como uma forma de conferir dignidade e respeito pelas pessoas, não importa sua maneira de existir. A maior preocupação é não ter problemas para si, e isso é muito errado. Claro que concordo que muitos palestrantes dificultam o acesso, e fica realmente difícil cobrar algo de alguém que você pediu favor, mas não desdenhe do trabalho do coleguinha, seja no mínimo respeitoso.

Mesmo quando não recebemos os benditos materiais, acredito ser importante continuar solicitando. E aqui entendam por materiais tudo que envolve o trabalho, como resumos, textos, *slides*, explicações (mandar *slides* somente com cálculos e fórmulas pode ser o mesmo que enviá-los em branco), imagens, vídeos, esboços, músicas etc.

Com o tempo podem entender a necessidade e passar a ver a inclusão da forma correta. E mesmo que não queiram aprender sobre inclusão, terão que ouvir sobre o tema querendo ou não.

Supremo Tribunal do Intérprete

Já esteve diante de um tribunal em que você era o réu? Eu nunca, mas deve ser uma situação bem complicada que gera muita ansiedade. Ter aquela figura do juiz diante de você, sabendo que pode decidir sobre sua vida, mesmo sem te conhecer; ver outras pessoas falando sobre você, alguns te defendendo, outros te acusando. Por um bom tempo, você não poder fazer nada, a não ser observar. E num determinado momento te concedem a palavra, mas quem te acusa não está interessado em te ouvir. E você terá um tempo limitado para tentar se defender, e fará tudo isso sob a pressão dos olhares e sussurros. É assim que me sinto quando estou interpretando.

Geralmente me preocupo mais com os outros intérpretes que me assistem do que com os surdos. Não deveria ser assim, afinal a minha maior preocupação deve ser se a informação está sendo passada clara e corretamente. A reação dos surdos dá indícios se os objetivos estão sendo alcançados. No entanto, experiências ruins me fazem recear ser assistida por outros intérpretes.

A parte acusadora se esquece dos detalhes que envolvem nosso trabalho e apenas reúnem provas para nos incriminar, criticando severamente nossa atuação, apontando as escolhas erradas que fizemos, apresentando soluções melhores, sinais para termos que não foram usados, expressão facial, corporal e por aí vai. A defesa procura lembrar que o material da palestra não foi entregue com antecedência, do nervosismo, do sistema de áudio ruim, do palestrante que fala para dentro, ou do surdo que vem de outra região e ainda sinaliza na velocidade da luz, falta de equipe de apoio e outras questões que impactam no desempenho. Uma coisa eu garanto, se eu não estiver interpretando tenho um entendimento muito melhor do que está sendo explanado, pois estou no conforto da minha poltrona, sem a pressão ao meu redor.

Um julgamento justo envolve ouvir todas as partes, incluindo o réu, mas na verdade não haverá julgamento se ninguém der entrada no processo. Ou seja, os intérpretes precisam se apoiar e proporcionar o crescimento de todos, de quem está lá no palco e de quem está sentado confortavelmente apenas assistindo, em vez de assumir o papel de juiz, que não lhe cabe. Ciente das circunstâncias, caso insistamos em julgar, podemos absolver, condenar ou ainda fazer um acordo, tecendo uma crítica construtiva sem precisar puxar o tapete do coleguinha.

Não quero ser juíza, nem ré, as atribuições de uma tradutora intérprete de Libras já são suficientes. São até demais, eu diria. Se quiser falar mal do colega, siga o conselho do Ariano Suassuna: faça pelas costas. Segundo o mestre, falar mal pela frente constrange quem ouve e constrange quem fala. Ao esperar a pessoa dar as costas pelo menos você mostra respeito. E acredite, juntos podemos crescer, mas sozinhos ficamos estagnados, o que pode acabar nos levando a procurar uma vaga para trabalhar como juiz.

Isso é sinal que tem algo errado!

A palavra "computador" vem do latim *computare*, que significa calcular, pois era usada para designar a pessoa que efetuava cálculos. Era até uma profissão. Pessoas trabalhavam realizando grandes cálculos matemáticos, como o próprio nome já indica. Com o surgimento e aperfeiçoamento das máquinas de processamento de dados, que acabou assumindo essa função, a palavra "computador" passou a ser relacionada a essas máquinas, e hoje raramente o termo é relacionado ao ato de calcular propriamente dito. Assim é uma língua viva, continua mudando, se desenvolvendo e atendendo as necessidades dos falantes.

Chamar alguém de computador não seria errado, só não é mais comum atribuir esse termo a um ser humano tendo em mente uma profissão, embora possa ser usado como adjetivo, por exemplo: "fulano é um computador, faz cálculos de cabeça com muita rapidez!", ou ainda, "sicrano é um computador, consegue lembrar de tudo que foi dito, tim-tim por tim-tim!". É um processo natural que ocorre em qualquer língua viva, oral ou de sinais. No entanto, percebo uma tentativa de controlar o processo de desenvolvimento da Libras. Não sei se isso acontece porque vivemos um momento consciente desse desenvolvimento e não sabemos bem como agir diante disso.

Em momento algum alguém chegou e anunciou que a partir daquele momento o termo "computador" só se referiria às máquinas e que era errado associá-lo a seres humanos, tudo aconteceu naturalmente. No caso da Libras, é comum postarem nas redes sociais o anúncio de um sinal criado para determinado termo e avisarem que o sinal anterior agora é considerado errado. Mas o sinal novo pode ser introduzido sem a necessidade da condenação do anterior. É preciso deixar a língua de sinais viver e tomar o rumo que ela quiser, assim como as demais linguagens. Ela já é maior de 18 anos, pode tomar suas próprias decisões. Na verdade, toda tentativa de controlar uma língua parece não dar muito certo, pois para avisar o termo que não pode ser dito é preciso citá-lo, o que implica em usá-lo, que resulta em fixá-lo na mente dos falantes.

Sempre haverá variações, dependendo da região onde mora e das características dos usuários. Sempre existirão várias maneiras de dizer a mesma coisa. É natural e incontrolável, mais ainda, é culturalmente enriquecedor. Não carece de preocupação, podem introduzir os novos sinais-termos, podem deixar de usar outros, mas "deixa acontecer naturalmente".

Um campo que precisamos concentrar nossos esforços é criação de sinais-termos para novas áreas e conteúdos, pois conforme os surdos vão ocupando os espaços, chamando atenção para inclusão, precisamos pesquisar e estudar novos conteúdos para tornar a acessibilidade efetiva. As áreas jurídicas, de saúde, tecnologia, conteúdos específicos de diversos cursos com seus inúmeros termos técnicos e outros, precisam de vocabulário.

Vou dar um exemplo simples (não especificando o regionalismo, senão este texto não terá fim): existe um sinal para "material", só que o sinal de "objeto" é o mesmo que "material". E o sinal de "recursos" também é o mesmo para "material". Suponhamos que eu queira traduzir para Libras a seguinte frase: "Recursos pedagógicos incluem materiais elaborados para uso no ensino, como objetos feitos com materiais de baixo custo.". Visualmente seria o mesmo que eu dizer: "*Materiais* pedagógicos incluem *materiais* elaborados para uso no ensino, como *materiais* feitos com *materiais* de baixo custo.". O que achou? Se trata de um exemplo apenas, mas em casos como esses temos que usar estratégias para diferenciar cada termo, porém se o tema for mecânica quântica, lógica de programação, anatomia, banco de dados, neuroaprendizagem e por aí vai, irá fazer o cérebro do intérprete fritar. Não seria lindo se tivéssemos termos mais específicos? Eu acho.

E se estou aqui falando como me incomoda a criação de regras, quem sou eu para criar uma regra? Apenas quero trazer atenção para o fato de que podemos criar sinais novos para substituir os sinais que já existem. Podemos criar sinais para termos que ainda não têm sinais. Mas podemos fazer tudo de forma natural e pacífica, sem imposições, deixando que a língua viva.

Luvas brancas

Se você falar que já viu pessoas sinalizando com luvinhas brancas, você entregará sua idade. Sinceramente, não sei como surgiu essa ideia de interpretar usando luvas brancas, imagino que a intenção era dar ênfase às mãos para que os surdos pudessem captar todas as informações com facilidade, ou será que foi para dar um ar teatral, por conseguinte, mais atraente? Meu medo é que o uso faça referência aos mímicos, que se apresentam com o rosto pintado de branco, camisa listrada e luvas brancas. Embora eu não saiba o porquê, fico feliz em saber que a moda já passou.

Quem vive de passado é museu, já dizia minha avó, mas tem pessoas que preferem ficar lá. Outro dia estava fazendo pesquisa de sinais para interpretar uma palestra e me deparei com um vídeo de alguém que se intitulava professor de Libras. Encontrei vídeos e em todos o intérprete estava de luvas brancas. Não eram traduções de músicas, era tudo, até avisos sobre cursos eram feitos usando as famigeradas luvas. Pois é, essa pessoa ministra cursos de Libras e pelo que notei alcança muita gente, infelizmente.

Nem precisa pesquisar muito para perceber que o uso de luvas com o objetivo de interpretar não é apropriado, não torna mais clara a sinalização, não ajuda no entendimento, não é bonito. Os surdos não usam, então por que iríamos usar? O mais interessante é que com uma frequência maior do que eu gostaria, ouço sugestões de pessoas leigas, ao realizar uma preparação para um trabalho, quanto ao uso das luvas.

Minha primeira reação é vontade de rir. Não por zombaria, afinal a pessoa não entende do assunto, mas sim porque a sugestão é dada com um brilho no olhar, com a entonação de quem teve uma ideia brilhante, algo que eu enquanto profissional da área não consegui vislumbrar, uma epifania. A graça maior vem da minha projeção do desvanecer daquela felicidade repentina quando eu explicar que não é uma boa ideia. Ainda haverá dúvida e desapontamento sobre o meu entendimento do assunto. Mas precisamos esclarecer e desmistificar alguns conceitos errados sobre o nosso trabalho, fazer o quê?

Se você gosta de usar luvinhas na interpretação ou gosta de ver o intérprete usando, supere isso, você consegue. A menos que o local esteja com temperatura baixíssima, cinco graus abaixo de zero, não há razão para o uso de luvas. Talvez se um dia criarem o Museu da História da Libras, as luvinhas ganhem um local de destaque, por enquanto é de bom tom esquecê-las. Deixem-nas apenas na memória, assim temos ao menos histórias para contar.

- editoraletramento
- editoraletramento.com.br
- editoraletramento
- company/grupoeditorialletramento
- grupoletramento
- contato@editoraletramento.com.br
- editoraletramento

- editoracasadodireito.com.br
- casadodireitoed
- casadodireito
- casadodireito@editoraletramento.com.br